SARA BRUNDU

IO SPERIAMO CHE ME LA VENDO

Come Vendere Una Casa Che Non Compreresti Mai Grazie Al Metodo Key

Titolo

"IO SPERIAMO CHE ME LA VENDO"

Autore

Sara Brundu

Editore

Bruno Editore

Sito internet

http://www.brunoeditore.it

Sommario

Prefazione
(a cura di Alfio Bardolla)

Questo libro è un manuale molto utile per chi ha deciso di vendere un immobile e si è reso conto che non si può improvvisare, sia per ottenere il miglior risultato economico sia per non incorrere in problematiche legali.

Sara è un'atipica agente immobiliare, il suo mantra è la collaborazione ed è innamorata del suo lavoro a tal punto da condividerlo in ogni step necessario al raggiungimento dell'obiettivo. Non teme di perdere i clienti e ha piacere se chi legge riuscirà nell'intento tramite i suoi consigli.

Il libro è molto dettagliato, consiglio di seguire le varie fasi nell'ordine proposto dai capitoli, proprio perché anche dietro la composizione del manuale c'è un filo logico di cui ti renderai conto man mano che andrai avanti.

Io da investitore immobiliare e imprenditore consiglio sempre di scegliere un bravo agente immobiliare come partner per le operazioni, ma devo dire che il libro è un valido e autorevole aiuto se non sai da che parte iniziare per vendere casa.

Ti auguro una buona lettura.

Alfio Bardolla

Introduzione

Le case belle si vendono da sole. E le altre? Te lo spiego io.

Ciao, benvenuto nel mio mondo, sono Sara Brundu, titolare dell'agenzia immobiliare Keyestate. Chi l'avrebbe mai detto che avrei scritto un manuale? Eppure, sono talmente innamorata del mio lavoro, che ne devo parlare in continuazione, sotto ogni forma.

In realtà sono diventata agente immobiliare quasi per caso, dieci anni fa facevo l'amministratrice di condominio e seguivo una scuola certificata per formare altri amministratori. Il lavoro mi piaceva, mi gratificava molto il rapporto con le persone, ma c'era sempre quel velo d'amarezza che mi faceva sentire a disagio.

Andavo a casa della Sig.ra Maria, disperata per una perdita dal piano di sopra, e dopo averle dedicato l'intero pomeriggio ripassando nomi e gruppi sanguigni di tutti i nipoti, andavo via che era più arrabbiata di prima. Era una professione dove per quanto io cercassi di risolvere problemi e conflitti, la mia posizione di capro espiatorio era sempre sull'altare sacrificale.

Il mio carattere poi, mi teneva lontano dai tipici accordi di manutenzione che vengono proposti per arrotondare, a discapito del condominio e dell'etica professionale.

Anche la scuola aveva le sue problematiche: io ero mandataria per la Sardegna e avevo tante responsabilità e pochi poteri, che stavano a Roma nella sede legale. Per qualsiasi situazione spiacevole gli associati si lamentavano con me che però facevo solo da parafulmine della casa madre, senza poter risolvere nulla.

Le sedi erano due, una a Sassari dove abitavo, e l'altra a Cagliari, dove andavo almeno due volte la settimana; era faticoso ma la formazione mi appassionava e vedere nuovi amministratori iniziare la loro attività grazie a me era molto gratificante.

Nel frattempo avevo mio padre, geometra e perito bancario, che mi consigliava sempre di fare l'agente immobiliare.

Poveretto, quante gliene ho dette: "Chi, io? A suonare campanelli e farmi chiudere le porte in faccia?'', "Andare in giro con il tailleur di nonna?'', "Mah, non se ne parla proprio, discorso chiuso''. Ormai l'ho capito, il peccato della lingua è il primo che si paga.

Un giorno mi chiama il titolare di una grande agenzia immobiliare dal marchio internazionale, leader nel mercato di Cagliari, per propormi una collaborazione in quanto amministratrice; non ci ho pensato un attimo, adoro le collaborazioni, il suo team mi piaceva, accettai.

Per quanto non avessi mai avuto contatti con la categoria, piano piano ho iniziato a incuriosirmi, vedere le case mi piaceva, ed anche avere un susseguirsi di contatti sempre diverso mi stimolava. I miei condomini hanno iniziato a chiedermi perché, viste le collaborazioni, non potevo seguire io personalmente la vendita di casa loro, e in effetti in molti casi sono intervenuta per aiutare l'agente immobiliare a ritrovare il bon senso e mettere d'accordo le parti.

Io sono una persona che difficilmente si improvvisa e questo nuovo mondo mi stava conquistando, quindi decido di chiedere alla Camera di Commercio informazioni sul prossimo corso, e mi iscrivo. Volevo vedere cosa c'era oltre ciò che sapevo, dovevo capire bene di cosa si trattasse e solo dopo avrei potuto decidere se poteva essere la mia strada. Il corso è molto impegnativo, frequenza obbligatoria con solo il 5% di assenze che, per me che lavoravo, era un sacrificio enorme. Ho dedicato 5 mesi a studiare intensamente, ascoltando le lezioni tutti i pomeriggi e confrontandomi con i miei compagni di corso, tutti già impiegati in agenzie immobiliari della città; nel frattempo pagavo qualcuno che mi sostituisse sia come amministratrice, sia alla scuola.

Nonostante tutto all'esame avevo pensato di non andare, non mi sentivo sufficientemente pronta, quando sei adulto gli esami li vivi più seriamente, avevo già deciso di presentarmi al prossimo. Non avevo fatto però i conti con il destino che aveva già delineato la mia strada. La mattina della prima prova scritta, un parente mi chiese di accompagnarlo all'aeroporto per il primo volo e rientrando mi ritrovai a passare davanti alla Camera di Commercio.

Ops, c'era proprio un parcheggio davanti all'ingresso, che fare? Era un segnale troppo forte per passare oltre. Parcheggio e mi presento all'esame; la prima prova sarebbe stata prevalentemente sul diritto, e pensai che, dopo 5 anni di università di giurisprudenza, forse qualcosa la sapevo. Quattro domande con risposta aperta, significa che non c'è l'appiglio delle crocette, affidandoti alla sorte, ma piuttosto un foglio bianco che attende il tuo sapere. Il Codice civile lo conoscevo abbastanza bene, l'esperienza maturata sul campo dei condomini ha fatto il resto. Pochi giorni dopo mi comunicarono che su quasi 100 partecipanti, avevamo superato solo in venti la prova scritta; dovevo sfruttare il momento, mi buttai a capofitto sui libri per andare più preparata possibile al colloquio orale.

Ricordo che mentre ero in attesa del mio turno, sentii il presidente della commissione che, parlando con un altro esaminatore, disse: "Andiamo a tagliare le gambe alla concorrenza". L'iniziale disgusto era fisiologico, ma si trasformò subito in sfida ed entrai modello kamikaze in aula.

Estate 2008, la mia vita stava cambiando, ero diventata agente immobiliare, wow, chiamo mio padre.

Passano pochi giorni ed entro subito nel team della grande agenzia cagliaritana, era il franchising dei n. 1 al mondo, 40 agenti che lavoravano in maniera sinergica e compatta, un ambiente di lavoro molto stimolante con un titolare che seppur "prima donna" era molto competente e carismatico. L'agenzia aveva sede solo a Cagliari perciò mi trovai un punto d'appoggio lì, per quanto le idee fossero quelle di sviluppare, a brevissimo, sedi e sinergie in tutta la regione. La rete era molto operativa in tutta Italia, anzi nel mondo, era una cosa che mi affascinava molto e iniziai a indebitarmi e fare salti mortali per frequentare tutti i loro corsi e convention con formatori di altissimo livello provenienti da ogni parte del pianeta.

Quando ti appassioni così tanto a un lavoro, come è capitato a me, questo diventa la tua vita: non essendoci più posto per le amministrazioni e la scuola, decido di lasciare le mie vecchiette dei condomini a una collega e cedo il mandato della scuola di formazione.
Volevo diventare la miglior agente immobiliare di tutti e risolvere le esigenze delle persone che si rivolgevano a me.

Le mie qualità organizzative e la mia intraprendenza mi portano subito a Olbia, avevo l'incarico di seguire l'apertura della nuova agenzia e contemporaneamente farmi la gavetta in un territorio certamente particolare.
Ci trasferiamo subito, io e il mio labrador Giulio, verso una nuova avventura con personaggi di ogni tipo e colore, dal miliardario che entrava con i jeans sporchi e strappati per fare una proposta da

2.000.000 € per un appartamento in piazzetta a Porto Cervo, al giovane rampante vestito di tutto punto che dopo la consulenza mutuo scoprivi aver acquistato l'auto sportiva in società con 3 amici.

Resto a Olbia per 6 mesi ma mi stava stretta, non era la mia città, dall'altra parte avevo tutti i miei contatti che mi chiedevano di aiutarli a vendere, perciò propongo al mio titolare l'apertura "in società" di una nuova agenzia, nei miei locali in centro a Sassari. Accetta con entusiasmo e dopo una settimana avevo firmato il contratto di locazione con lui; ero felicissima, finalmente la mia vision iniziava a delinearsi.

I risultati arrivano immediatamente, avevo la sensazione di aver sempre fatto quello nella vita, ero prevalentemente sola a Sassari con le direttive e le indicazioni della sede centrale, mi stimolavano le responsabilità e cercavo ogni giorno di fare meglio.

Andavo ogni lunedì a Cagliari per la riunione, ero il 4° venditore per risultati, nella classifica di tutta la Sardegna, su 45 persone, incredibile. L'entusiasmo ha però dovuto fare i conti con il mondo reale, il mio sole si è oscurato, quello che pensavo essere il mio socio stava diventando un mio nemico, mi dava incarichi per poi togliermeli poco prima della definizione, dicendo che non ero in grado e chiudendoli lui, mi contestava continuamente l'abbigliamento davanti ai colleghi, dicendo che i tatuaggi sulle braccia avrei dovuto coprirli, anche se c'erano 40° all'ombra.

Trovavo tutto assurdo, poco dopo iniziai a ricevere le sue mail durante la notte nelle quali mi contestava qualsiasi cosa, alludeva a sotterfugi fatti a sua insaputa, tentava di screditarmi in ogni maniera. La cosa mi scioccava: invece che essere felice che tutti i clienti fossero contenti e dei guadagni che gli portavo io, che lavoravo a 250 km di distanza, stava battendo piedi per ricordarmi quanto era bravo e bello.

Mentre m'interrogavo su come potessi tranquillizzarlo, il 28 dicembre del 2009, arrivai davanti alla porta del mio ufficio e non riuscii ad aprirla, non potevo entrare a casa mia, non ne avevo più il diritto, mi era appena stata mandata la raccomandata di allontanamento dalla squadra, lui aveva il potere di farlo, aveva un contratto di locazione in essere che io avevo firmato e registrato.

Chiamai la mia collega per cercare di capire cosa stesse succedendo, mi rispose seccata che erano direttive dall'alto e che probabilmente mi meritavo un simile trattamento. Cosa? Proprio lei che avevo sopportato e supportato in ogni situazione mi chiudeva la porta in faccia così? Il capo ovviamente non mi rispose più al telefono, era più facile barricarsi dietro quattro righe scritte dall'avvocato che affrontare una discussione o anche una litigata ma tra persone serie.

Una tragedia, mi stava cadendo il mondo addosso, cosa potevo fare ora da sola? Credo che sia stato il momento più importante della mia vita, dove ho capito quanto si può essere forti nelle situazioni difficili. Non avevo tempo per disperarmi, cercai di contattare colleghi in tutta Italia dello stesso franchising per candidarmi nei loro team, volevo continuare il percorso iniziato, avevo tante collaborazioni in essere e corsi ancora da fare, tra l'altro già pagati.

Il giorno dopo mi contattò una manager di Milano con tanti interessi in Sardegna che avevo conosciuto in occasione delle vendite di un residence in Costa Smeralda; mi chiese se mi potesse interessare far parte della sua agenzia e mi mandò subito il contratto da firmare. Non feci in tempo a leggerlo che mi richiamò, dicendomi che avremmo dovuto annullare tutto e comunque avremmo potuto collaborare ugualmente. La sua versione non mi convinse e le chiesi di essere sincera, in virtù della correttezza che aveva sempre contraddistinto il nostro rapporto.

La verità fu pesante, non ci potevo credere: non potevo essere nel suo organico perché il mio carissimo ex titolare aveva messo il veto a tutte le agenzie d'Italia sul mio ingaggio, altrimenti sarebbe uscito lui dalla rete nazionale.

Lui, agente immobiliare da vent'anni, con l'esclusiva per la Sardegna, 3 agenzie e 60 agenti, perdeva il tempo a occuparsi di me?

Mi sembrava assurdo, cosa avevo fatto di male per meritarmi tanto accanimento?

Inizialmente mi venne lo sconforto non capendo dove potessi aver sbagliato; quando le persone hanno determinati atteggiamenti nei nostri confronti, credo che dobbiamo sempre chiederci cosa abbiamo fatto noi per scatenarli, ma in questo caso non trovavo spiegazioni plausibili o costruttive.

Dopo la confusione arrivò la consapevolezza, e se è vero che quello che non ti uccide ti fortifica io dico che "ti stronzifica" anche un po'. Iniziai a pensare che allora forse qualcosa valevo, forse lui l'aveva capito anche prima di me da temere così tanto la mia concorrenza e farmi terra bruciata intorno? Quella che sembrava una tragedia stava diventando un'opportunità da sfruttare.

Zero euro in tasca, un mutuo da pagare, fuori da casa mia, davanti a me il vuoto, devo saltare? Ok, lo faccio. Avevo il patentino, la santissima partita iva, potevo aprire la mia agenzia. Aiuto, come chiamarla? E soprattutto dove aprirla?
Volevo mettere in pratica tutto quello che avevo imparato fino ad allora, il franchising era stata un'ottima scuola.

L'organizzazione che consigliavano era quella dello studio associato con la collaborazione di tutti gli agenti per un obiettivo comune, dove ognuno poteva sentirsi un professionista parte di un insieme.
Ecco il dilemma, non potevo chiamarla "Brundu immobiliare", chi avrebbe voluto lavorare sotto il nome di un altro?

Dovevo trovare una sigla, un marchio che fosse rappresentativo del mondo che andavo costruendo e allo stesso tempo facile da ricordare e da pubblicizzare. Decido di ingaggiare il mio carissimo amico Franco Bernardini, grafico dalle mille risorse, e gli racconto il mio futuro, chiedendogli di dargli un nome.

Non smetterò mai di ringraziarlo, sua l'idea del nome, della grafica e delle modalità d'uso del marchio; ancora oggi è un perno importane della nostra organizzazione, dalla sua tavoletta grafica escono tutte le nostre idee e le nuove realtà prendono forma.
"Keyestate", la chiave immobiliare, con il logo che sembra proprio una chiave, e si gioca con la parola, rappresentativa dell'oggetto ma di tutto il cardine delle operazioni. Mi piaceva.

Perciò notti insonni e adrenalina come mai nella vita mi hanno portato, il 6 Gennaio 2010, ad aprire la mia agenzia immobiliare, la Keyestate, nella cantina pertinenza dell'appartamento che non avevo più, che era l'unico locale che avevo a disposizione e che avevo sistemato, in maniera discreta, in soli 3gg.
I miei clienti venivano avvisati dell'accaduto dalla sede centrale che deteneva gli incarichi, ma loro mi adoravano perciò, nonostante

la situazione, sceglievano me, come persona e come agente immobiliare. Al mio ex titolare poco dopo rimasero solo la presunzione e l'affitto da pagare, tanto che presto decise di tornarsene con la coda tra le gambe nella sua fantastica agenzia cagliaritana; non fu semplicissimo riavere casa mia, ma con un avvocato e i giusti modi ci riuscii.

Finalmente libera, padrona di poter trattare i clienti come volevo, di poter fare sconti quando mi faceva piacere, di non applicare penali stupide se qualcuno aveva problemi. Giorno dopo giorno ho costruito la mia realtà immobiliare, non è un'agenzia, è la mia vita, della quale sono entusiasta e per la quale ringrazio ogni giorno.

Dedicare tutta me stessa al lavoro e farne la mia vita mi ha certamente fatto fare delle scelte importanti, drastiche, ho dovuto rinunciare a molte cose, non ho figli certo, ma dei fantastici collaboratori che mi chiamano "mamma" e io molte volte mi sento davvero di esserlo, nel bene e nel male.

Sono passati più di 10 anni, sono riuscita a costruire un team di persone con i miei stessi obiettivi, tutti mossi da valori sani e sinceri; quando l'obbiettivo comune è positivo non si può che perseguirlo. Certo non è stato facile, ho imparato dai miei errori a essere un leader e non un capo, a dare feedback e non giudizi, a motivare piuttosto che denigrare, a delegare e mai comandare. Un percorso tortuoso, che continua ancora oggi, con lo studio e i corsi di formazione, ai quali dedico quasi un terzo del mio tempo e del mio denaro.

A volte penso a quante persone ho lasciato indietro, collaboratori che non ho saputo valorizzare o con i quali non ho saputo comunicare in maniera efficace; purtroppo credo sia il prezzo da pagare, se un errore diventa un insegnamento, prendiamo solo il buono e proseguiamo avanti per la mission.
La cosa fantastica è che più passa il tempo e più il mio entusiasmo cresce, così come la voglia di innovare i servizi e sorprendere i clienti, di andare sempre oltre l'ultimo traguardo raggiunto.

Nonostante i tanti impegni non ho smesso di fare l'agente, mi stimola stare sul campo, seguire le persone nel raggiungimento dei loro obbiettivi è emozionante. Ancora oggi mi trovo a commuovermi durante un appuntamento di acquisizione dell'appartamento di Carlo, 45enne che deve vendere la sua casa, senza ascensore, perché ha scoperto di avere la sclerosi multipla e tra poco, se non lo aiuterò, rimarrà prigioniero delle sue 4 mura al secondo piano.

Le storie dei clienti sono le più disparate, sempre diverse e affascinanti, come la casa della nonna, che non c'è più, dove però misteriosamente le luci si accendono e spengono da sole.

Dietro la vendita o l'acquisto di una casa c'è un carico emotivo che non si può sottovalutare, io mi occupo prima delle persone e poi penso alla loro casa; non è importante cosa dovremmo raggiungere, lo faremo nella maniera migliore possibile, senza stress.

"Ditemi cosa devo fare e io lo faccio", diceva un amico comico, bene, questo è il mio mantra quotidiano nella definizione dell'obiettivo, poi la strada da percorrere per raggiungerlo la tracceremo insieme, percorrendo un passo dopo l'altro.

Spero con questo manuale di farti capire proprio le sfumature che possono interessare una trattativa, anche quella più sottovalutata, che spesso sono motivo di rottura degli accordi.

Cercherò di renderti edotto anche da un punto di vista burocratico, aspetto trascurato perfino da molti colleghi, sul quale io invece sono estremamente pignola fin da subito; non posso occuparmi della tua vendita, se non so esattamente cosa stiamo vendendo.

Spero che questo manuale ti aiuti e ti guidi in tutto il percorso, che ti faccia capire anche quando è il caso di chiedere aiuto, prima di perdere tutto.

Con questo libro e oltre, se vorrai, sarò lieta di aiutarti e sono certa sarà un successo.

Capitolo 1:
Come individuare il tuo mercato

La mia casa è la più bella. Quante volte ho sentito questa frase, e quante volte mi sono morsa la lingua? La cosa più difficile da fare, quando si vende qualcosa, è trovare l'obiettività per valutarla in maniera più asettica possibile.

Io litigo sempre con mio padre che, da perito con esperienza trentennale nel settore qual è, quando chiacchieriamo e pensa alla valutazione di casa sua, aggiunge sempre almeno 40.000 €.

Un modo facile ed efficace per trovare la strada giusta è immaginarsi nei panni del tuo acquirente e partire proprio dalle prime riflessioni che faresti se fossi in lui. Se sta cercando una casa in una determinata zona, si segnerà tutte le case in vendita del quartiere.

La prima cosa da fare per te, quindi, è capire come va il mercato in quel determinato punto della città, ma ancora di più in quelle vie. In uno stesso rione infatti i prezzi possono variare molto, così come possono essere totalmente diversi, anche da un palazzo all'altro, per la nomea del costruttore che li ha realizzati o piuttosto per il clima che si è creato all'interno del condominio. Per "mappare" gli immobili ti consiglio ovviamente di fare una prima ricerca su internet – ormai i portali hanno il 75% del mercato – e poi andare in loco, alla ricerca di cartelli e informazioni. Potresti scoprire, parlando con l'edicolante o il fruttivendolo, che il tuo vicino ha appena venduto o sta cercando casa per la figlia.

Il mondo dei venditori privati non è tanto visibile, per quanto magari i proprietari siano convinti di aver pubblicizzato al massimo il proprio immobile e non si capacitino delle motivazioni d'insuccesso. Mi capita tantissime volte di prendere incarichi di persone che stanno vendendo da anni e bastano un paio di settimane con noi, che arrivano anche due o tre possibili acquirenti dallo stesso quartiere.

La cosa più eclatante mi è successa con due cugini che abitavano nello stesso palazzo; mi ha chiamato Salvatore perché non riusciva a vendere, una casa tra l'altro molto carina, per cui ho iniziato immediatamente la promozione e le visite. Io preferisco fare gli appuntamenti senza i proprietari, per cui un giorno trovandomi da sola con un cliente che era in appuntamento per la 2° volta e mi chiedeva informazioni sulla proposta che avrebbe potuto fare, gli faccio notare che ha lo stesso cognome del venditore. Scherzando gli chiedo se sono parenti e immaginate la mia sorpresa alla risposta "Siamo solo cugini". Luigi aveva risposto all'annuncio dell'agenzia perché il cugino, non pensando lui fosse interessato all'investimento, gli aveva detto di aver venduto, tra l'altro a una cifra folle, molto lontana dalla realtà.

Quindi non bisogna mai sottovalutare nulla e nessuno: chiunque potrebbe essere il tuo competitor o il possibile acquirente.
Una volta individuati gli immobili in vendita più vicini a te, inizia ad applicare i filtri, come facessi una reale ricerca, in virtù delle caratteristiche del tuo immobile che ritieni vincenti.

La tua casa ha 3 camere da letto? Perfetto, salva i pentavani.
La tua casa è in un piano alto? Bene, escludi i piani terra.
La tua casa ha un terrazzo abitabile? Ottimo, è difficile avere una caratteristica simile, molto richiesta tra l'altro, perciò teniamolo come jolly per vincere sui competitor simili, che magari non lo hanno o ne hanno uno più piccolo. Se sei fortunato hai trovato 5/6

buoni comparabili e puoi già avere le idee chiare, facendoti un calcolo del prezzo per mq e verificando da quanto potrebbero essere sul mercato. Considera che, se sono da tanto sul mercato, anche con agenzia, vuol dire che il prezzo probabilmente è un po' oltre i parametri o potrebbero esserci dei problemi legati alla regolarità dell'immobile.

Se non hai trovato granché, l'analisi da fare è differente. Forse non sei sfortunato come forse pensi, ma al contrario: se non ci sono molte case in vendita, potrebbe essere una zona talmente residenziale e bella, che è difficile che chi ci abita decida di vendere e, di conseguenza, appena qualcuno decide di mettersi sul mercato, trova immediatamente il suo acquirente.

Questo accade difficilmente di questi tempi ma potrebbe anche essere il tuo caso, per cui ancor di più ti direi di procedere alla socializzazione con i personaggi chiave del quartiere, l'edicolante, un portiere, il barista.
In tutti i casi, ancor di più in quest'ultimo, è poi importante dare un'occhiata anche al sito delle quotazioni immobiliari nazionali, ovvero www.borsinoimmobiliare.it; è uno dei parametri utilizzati

dall'Agenzia delle Entrate e dalle Banche nella valutazione dei mutui, perciò autorevole e assolutamente pertinente. I parametri sono tarati sulle compravendite registrate nel semestre precedente, il sito ti indica le diverse tipologie d'immobile e il prezzo per mq consigliato, con una forbice variabile in base allo stato della casa nello specifico.

A tal proposito, ti ricordo che c'è una netta differenza di prezzo tra una casa moderna, costruita negli ultimi 5 anni, una recente, ergo entro i 10/15 anni dalla costruzione e una più datata, dove importanti saranno i lavori fatti nel tempo.
I valori del borsino immobiliare vanno comparati con quelli rilevati nella tua ricerca e facendo la media, otterrai il prezzo consigliato per mq.

Classico errore del proprietario che vuole rivendere la casa acquistata da uno o due anni dal costruttore, è pensare che il valore possa aumentare; anche a me piacerebbe che la mia Smart, solo perché le ho dedicato tanto amore, valesse più di quanto mi è costata, ma non è così. Il paragone ti può sembrare azzardato, ma se ci rifletti le due situazioni sono simili e la regola non può essere valida, poiché è sempre un qualcosa di usato, e magari hai speso talmente tanto nelle rifiniture che si va oltre qualsiasi parametro standard. Sarai fortunato se riuscirai a venderla alla stessa cifra, ovviamente scorporando le spese, che non possono essere incluse nel prezzo di vendita dell'immobile.

Molto spesso infatti i venditori privati, nella chiacchierata iniziale, mi indicano una cifra di spesa dell'acquisto fatto anni prima, ma quando vado a controllare gli atti, mi rendo conto che nel costo della casa inseriscono il notaio, le tasse e perfino l'agenzia. È come se mi chiedessi quanto ho pagato un kg di pomodori e ti dicessi l'importo considerando anche il prezzo della busta che mi ha caricato il supermercato.

Altro ragionamento se la casa è datata, attento alle condizioni. Quando i privati scrivono "completamente ristrutturata" e poi vedo le foto del bagno rosa cipria e della cucina con la piastrellatura a rombi rossi, a tutta altezza tipo macelleria, mi viene da sorridere. Le cose importanti, che danno valore economico all'appartamento datato, sono i lavori – reali e magari certificati – agli impianti, l'idrico e l'elettrico, la sostituzione degli infissi o la rimozione dell'originaria tappezzeria, con la conseguente rasatura dei muri, spesa da non sottovalutare. Se da quando il costruttore ha messo l'ultima pietra, i tuoi genitori non hanno fatto alcun intervento, direi che puoi considerare certamente la media del valore più basso dato dal borsino immobiliare e il prezzo di mercato degli immobili simili.

Nel prezzo non si contano gli arredi, anche se su misura e pagati un sacco di soldi al tempo della Seconda guerra mondiale; potrebbero piacere, come invece essere la prima cosa che il tuo acquirente eliminerebbe perciò, nel caso, li utilizzerai in trattativa.
Ora che hai individuato il valore della tua casa, temo di sapere cosa stai pensando: "Ma si, proviamo con 30.000 € in più, tanto poi l'acquirente vorrà trattare e noi siamo disponibili".

Attento: non c'è approccio peggiore, la vendita non è un tentativo. Questo tentativo potrebbe costarti una notevole perdita di tempo nonché di denaro; il tuo acquirente, che ha deciso di venire a vedere l'immobile, ha una sua classifica, spesso data dal prezzo: il suo pellegrinare partirà dai più economici o quelli con il prezzo più congruo, e magari tra questi c'è proprio quello che gli va bene, e al tuo non arriva nemmeno. Poi non tutti sono avvezzi alle trattative, perciò dall'altra parte potrebbero pensare che la cifra richiesta sia la tua reale intenzione di guadagno.

Il mio consiglio è essere coerenti con il mercato, giocare con un 5% di trattabilità sul prezzo finale, ma non di più; tra l'altro chiudere un affare a una cifra molto più bassa rispetto a quella proposta non mi pare nemmeno serio.

Una volta ho gestito la vendita di un trilocale ad Alghero, una nota località turistica dove i prezzi rimangono molto alti, e confesso che alla fine mi sono un po' vergognata dell'accettazione poiché il gap tra richiesta e chiusura era davvero importante. La casa era stupenda per via della location, davanti al mare, era sufficiente attraversare la strada per poter toccare la sabbia e godere dei profumi del litorale, il tramonto la sera non aveva eguali.

Filippo, il venditore, l'aveva ereditata, classico immobile di famiglia acquistato dalla nonna, in lire, tantissimi anni prima e vissuto da due generazioni per le vacanze estive.

Non era l'unico immobile del patrimonio ereditario, ma certamente uno di quelli sul quale lui puntava maggiormente per capitalizzare.

La casa era in vendita privatamente da 5 anni, lui si era fatto fare una valutazione da un geometra e quella linea continuava a perseguire, peccato che nessuno ricorda ai privati che alcuni tecnici, per fortuna non tutti, fanno le valutazioni per compiacere il cliente: il loro lavoro è valutare, non vendere, perciò alzano spesso i parametri, così il proprietario è quasi più contento di pagarli.

La casa aveva sicuramente un valore assoluto dato dalla location, un parametro quasi unico, ma era completamente da ristrutturare, era esattamente come nonna l'aveva comprata e perfino arredata. Durante la mia chiacchierata con Filippo, dopo il caffè sulla terrazza, l'entusiasmo iniziale e i complimenti di rito, ho dovuto dirgli che la mia valutazione differiva dalla sua di 90.000 €.

Avrei comunque fatto tutto quello che era nelle mie possibilità per venderlo, anche perché, più alta sarebbe stata la chiusura, più elevato sarebbe stato il mio guadagno; avevamo idee differenti ma lo stesso obiettivo.
Decido dunque di occuparmi della vendita, a differenza di molti colleghi che si erano scontrati con lui concentrandosi sul prezzo e avevano rinunciato all'incarico. La cosa fantastica erano gli

appuntamenti, ai quali andavo mezz'ora prima – per far arieggiare la casa, ma principalmente per godermi il panorama. Non cercavo l'amatore, sappiate che ormai è una specie protetta, ma sapevo che il rapporto che avevo instaurato con Filippo gli avrebbe fatto capire che realmente il marketing che stavo adottando era in assoluto il migliore; se non fossimo riusciti così, avrebbe dovuto ricredersi. E così è successo.

Dopo 35 giorni di promozione ho portato una proposta di 85.000 € in meno, con chiusura immediata, senza intervento delle banche; lo specifico perché per quanto i soldi non abbiano etichetta, quando un acquirente si rivolge alla banca è difficile che quest'ultima conceda un finanziamento oltre i parametri standard, perciò un immobile del genere l'avrebbero valutato forse ancora meno di me, non finanziando il possibile acquirente.

La ritenevo un'ottima opportunità, Filippo sapeva che i miei consigli erano sinceri, e quando gli ho ricordato che stava per incassare 450 volte il valore di quanto speso da nonna Ida, ha iniziato a rifletterci. Dopo 2 giorni mi ha chiamato per accettare ed ha scoperto che nel frattempo avevo trattato con l'acquirente per altri 5.000 € in più: non erano tanti, ma psicologicamente potevano avere un senso, anche solo per non fargli pesare troppo la mia provvigione.

Filippo mi ha ringraziato: durante i 5 anni di tentativi di vendita, ogni volta che i possibili acquirenti iniziavano a disprezzargli la casa per i lavori necessari, lui si chiudeva e non proseguiva più alcun dialogo, sentendosi offeso.

Una delle argomentazioni che avevo utilizzato per farlo ragionare era stato il fenomeno che spesso, quando si rifiutano proposte che all'inizio sembrano oscene, poi negli anni quel parametro diventa il prezzo di vendita. Avevo raccontato a Filippo la storia di Luca, anche lui erede, proprietario di un graziosissimo attico in centro storico a Castelsardo, altra località turistica molto caratteristica.

In questo caso ho avuto la vita più difficile perché, per quanto io avessi valutato la casa 50.000 € in meno, Luca insistette per il prezzo di vetrina di 190.000 €. La promozione era dinamica, ma lui non solo non ne voleva sapere di rivedere la cifra, ma rifiutò ben 2 proposte d'acquisto, la prima a 170.000 € da parte di un'inglese e l'altra a 160.000 € da parte di un turista veneto. L'epilogo di questa storia è triste, poiché dopo 4 anni dall'ultima proposta, Luca, che aveva necessità di capitalizzare, decide di ribassare e stare alle regole del mercato, che ovviamente nel frattempo era ancora sceso; il prezzo di vetrina divenne 150.000 €, e il nostro acquirente irlandese la acquistò per 135.000 €.

Forse stai pensando che non hai fretta di vendere ma considera che come passa il tempo ci sono tutte le spese da affrontare, anche solo per mantenere la casa, le tasse e ciò che ne consegue. Certo se stai vendendo l'immobile dove abiti è più facile aspettare, ma se è vuoto perché proviene da un'eredità o perché ti sei già trasferito nella nuova residenza, il discorso è più complesso.

Temporeggiare può infastidire maggiormente, potrebbero arrivare spese condominiali importanti, una facciata, la messa a norma dell'ascensore o dell'impianto elettrico, tutte cose che potrebbero compromettere i tuoi parametri economici.
Ecco perché ti consiglio di non fare errori banali, ragionaci prima e stabilisci il prezzo giusto.

RIEPILOGO DEL CAPITOLO 1:

- SEGRETO n. 1: Se vuoi vendere la casa a qualcuno non sarà più la tua, devi trovare il giusto distacco emotivo dalla casa.

- SEGRETO n. 2: Prima di mettere qualcosa in vendita devi capire chi sono i tuoi competitor: individua immobili simili in zona, comparali con il borsino immobiliare e salvane 4/5.

- SEGRETO n. 3: Rifletti bene sulle qualità della casa, fai l'elenco delle cose in e out, ti servirà per individuare il target al quale riferirti.

- SEGRETO n. 4: Se vuoi conquistare qualcuno devi pensare come lui, pensa come il tuo possibile acquirente.

- SEGRETO n. 5: Esagerare con il prezzo di vetrina per poi scendere significa solo perdere tempo; decidi il prezzo con una trattabilità del 5%.

Capitolo 2:
Come presentare al meglio la casa

Non c'è una seconda occasione per fare una buona impressione. Questa frase è diventata il mio mantra negli anni, spero che tu ne colga il valore anche in questo caso. Così come quando hai deciso di vendere la macchina e l'hai portata all'autolavaggio, allo stesso modo non puoi pensare di mettere sul mercato un appartamento senza prepararlo con criterio.

La riflessione è tanto banale quanto sottovalutata, mi trovo spesso con colleghi che non curano minimamente questo aspetto dietro la scusa che "tanto la casa è questa, inutile fare qualsiasi cosa"; in realtà è solo una scusa per non lavorarci troppo, anzi, per niente. Tu hai un obiettivo, che è la vendita nel minor tempo possibile con il miglior risultato economico, perciò non puoi essere superficiale.

Potrei raccontarti la storia di Luisa che, ereditato un quadrilocale dalla mamma, decise di metterlo subito in vendita, anche a un prezzo interessante, congruo per zona e condizioni. Passati due anni di appuntamenti e permessi di lavoro per fare le visite, decise di rivolgersi a me, perché in quello stesso palazzo avevo avuto una fortuna sfacciata, vendendo l'immobile identico al suo, al piano inferiore, in un giorno, al primo appuntamento.

Luisa non riusciva a capire come fosse possibile che, dopo 35 appuntamenti, nessuno di questi avesse neanche accennato una proposta.

La risposta per me era semplicissima: l'appartamento era esattamente come il giorno in cui la mamma era scomparsa, la cucina aveva ancora tutto sui piani, c'era il cesto delle mille medicine che probabilmente prendeva, in sala tantissimi oggetti personali, la camera sembrava vissuta, i vestiti ancora sulla sedia. L'energia che si respirava era in linea con la situazione, tristezza e abbandono.

Quando un possibile acquirente varcava quella soglia difficilmente poteva avere sensazioni positive, difficilmente poteva vedersi là dentro con la sua famiglia.

Quella che a prima vista sembrava una missione impossibile l'ho risolta con una semplice domanda: "Luisa, cosa farai di tutti i mobili e le cose che ci sono nella casa?", lei rispose: "La maggior parte delle cose, ahimè, la butterò, molte le regalerò e qualcosa la porterò da me, ma ci penserò dopo che riusciremo a trovare l'acquirente".

"Sbagliato", dissi io, "Faremo tutto ora".

Lo ricordo come se fosse oggi, Luisa impallidì e per un attimo pensò che io stessi scherzando ma iniziai a spiegarle che la strategia giusta sarebbe stata quella di svuotare quasi completamente la casa, magari al massimo avremmo potuto lasciare la cucina, che era l'unica cosa che non aveva l'età della mamma novantenne, giusto per far percepire al meglio gli spazi.

Non ha avuto scelta, in 7 giorni con tutta la mia squadra l'avevamo aiutata a svuotare l'appartamento, donando alle varie associazioni di volontariato anche cose che lei, per la fretta, avrebbe buttato. Già senza tutti i mobili vecchi, le cose usurate e gli effetti personali, sembrava più spaziosa e luminosa.

Ho convocato Luisa e abbiamo pensato insieme di aggiungere un fiocchetto al nostro lavoro, abbiamo deciso di imbiancarla, semplicemente con una passata di bianco, per renderla ancora più asettica e appetibile. La sensazione entrando era fantastica, il profumo della tinta regalava già una sensazione di nuovo, pulito, la luce era esaltata al massimo ed era un piacere starci dentro; non era più la casa della nonnina, ma di chi l'avrebbe comprata.

Indovina in quanti giorni l'abbiamo venduta? 27, dopo 11 appuntamenti e in realtà 2 proposte, quindi la proprietaria ha anche potuto scegliere.

Il risultato migliore però non è il tempo di vendita, ma il prezzo, che avevamo aumentato di ben 15.000 € e all'atto pratico sono diventati 12.000 €.

In sintesi, preparare la casa per la vendita le era costato 7/10 giorni di attenzioni, 2.800 € tra sgombero e operai, ricavandone 12.000 € in più sul prezzo. Che ne pensi? Ne vale la pena?

È ovvio che quando decidi di fare tutto da solo è più difficile e lungo, anche se spesso non c'è bisogno di svuotare completamente gli appartamenti, in alcuni casi nemmeno è possibile, perché sono abitati e non riuscirai mai a dire a tua mamma che il salotto, regalo di nozze del '75, è terribile. Uno strumento che ci aiuta in questo, ormai diventato indispensabile per agenzie e privati, è l'home staging, ne hai mai sentito parlare? Forse ti sarà capitato di vedere qualcosa in tv. Letteralmente significa "messa in scena della casa, allestimento", serve a valorizzare la casa con l'obiettivo di favorire la vendita; in un mondo dove la prima selezione viene fatta online, è fondamentale distinguersi. L'intervento di home staging è molto più veloce di una ristrutturazione tradizionale, viene visto come un "trucco della casa", per consentirle di presentarsi al meglio.

Consiste nel cambiare la disposizione dei mobili, scegliere dei complementi adatti, aggiungere accessori, curare l'illuminazione. L'home stager è un vero professionista che unisce conoscenze di arredamento d'interni, decorazione, fotografia e marketing.
Negli Usa, in Francia, in Inghilterra, si chiama l'home stager prima di vendere la casa, in Italia lo si chiama quando l'immobile è invenduto, ormai da troppo tempo.

Le statistiche sono chiare, un immobile stagiato si vende prima e meglio, e per questo anni fa, quando ancora si vedeva solo in tv, ho seguito il corso alla scuola THS (Torino Home Staging), coinvolgendo "spontaneamente" anche le mie collaboratrici. In realtà il corso non sarebbe dovuto partire perché eravamo solo in cinque su un minimo di 12 partecipanti che Nadia Liboa, la responsabile, aveva previsto per poter venire in Sardegna. Secondo te cos'ho fatto? Per me era troppo importante farlo in quel momento, rimandarlo avrebbe voluto dire rimandare il lavoro programmato sulle case che avevamo in vendita in agenzia: impossibile.

Stalkerizzo educatamente Nadia, tanto da farle capire la mia forte motivazione, tanto da convincerla a venire a Cagliari per farci il corso che si rivela praticamente un programma personalizzato di valore incredibile. Ovviamente si è instaurato un ottimo rapporto, tanto che abbiamo siglato con la loro scuola un abbonamento per consulenze e collaborazioni, per corsi di aggiornamento e novità nel mondo dell'home staging.

Solo in un paio di giorni infatti abbiamo imparato tantissime cose, piccoli trucchi per esaltare le luci, gli ambienti, e abbiamo subito sperimentato con degli appartamenti che avevamo in agenzia, a nostre spese. Abbiamo scelto 2 case terribili, piccolissime e mal messe in centro storico, non abitate perciò arredate con mobili di fortuna e recuperati da Gianfranco, il proprietario, giusto perché non sapeva dove buttarli. Una volta avuto il nulla osta da lui per potergli rivoluzionare le case, ci siamo messe all'opera e il primo giorno lo abbiamo dedicato allo smaltimento delle cose "pessime" per vedere come potevamo intervenire.

Quando svuoti gli ambienti inizi a vederne le potenzialità, e scoprimmo che anche in quelle stanze anguste filtrava una luce bellissima, che tutto sommato le stanze erano regolari, facilmente arredabili con pochi pezzi.

In una delle due non c'era la cucina, perciò abbiamo simulato un bancone con una consolle per far percepire l'ingombro e l'abbiamo decorata con pochi accessori, della frutta finta e un'alzatina con una torta al cioccolato di una nota marca di merendine; il profumo ha inondato la casa, fantastico.

In commercio si trovano proprio dei profumi all'aroma di pane appena sfornato, torta alle mele o al cioccolato, perché è statisticamente provato che rasserenano i pensieri e il cliente si pone già in un atteggiamento favorevole.

Se sei curioso dai un'occhiata al marketing olfattivo e scoprirai che ci sono in commercio le cose più disparate, come potrebbe sembrarti il profumo della pizza, ma rifletti: se dovessi vendere la vecchia pizzeria di tuo nonno ormai chiusa da anni sicuramente ti consiglierei, dopo averla pulita al massimo, di diffondere un profumo simile. Esaltare l'immobile, questo non scordarlo.

La nostra torta al cioccolato la usammo per altri 2 allestimenti, per fortuna questi alimenti confezionati hanno talmente tanti conservanti che durano intatti anche oltre la scadenza; ovviamente è solo per un effetto scenico, non offriamola all'acquirente.

E comunque le topaie del centro storico, in una settimana, sono diventate talmente tanto gradevoli, da dover modificare totalmente il marketing di vendita, riuscendo a venderle in 3 settimane. Il proprietario era talmente soddisfatto che per quanto il servizio fosse omaggiato dall'agenzia, ci ha fatto un bellissimo regalo oltre la provvigione.

Se per le case come quelle di cui abbiamo appena parlato l'home staging è obbligatorio, lo ritengo utilissimo anche in quelle seminuove e discrete, perché è un'esaltazione delle qualità dell'immobile e può solo migliorare il risultato finale. Tempo fa ho avuto in agenzia un bellissimo appartamento, semi nuovo, in una zona molto bella e residenziale della mia città. Il proprietario non riusciva a vendere da 2 anni e, poiché aveva deciso di lasciare il prezzo al quale l'aveva comprata lui, pensava fosse questa la problematica principale; non poteva trattare poiché aveva acquistato dal costruttore solo pochi anni prima e avrebbe perso troppo denaro. Il trilocale era veramente bello, ottime rifiniture, un terrazzo vivibile che guardava il verde di un parco.

Il problema non poteva essere solo il prezzo, anche perché non aveva comunque ricevuto proposte. La motivazione anche qui era semplice, era troppo spoglio, essendo poco vissuto l'avevano arredato con divani di scarto, presi dal garage, con la struttura in legno e i cuscini a quadri di colore improbabili, avete idea?
In terrazza non c'era nemmeno un treppiede per appoggiarsi, in bagno neanche uno specchio; era triste.

Anche qui abbiamo rivoluzionato tutto, armati di qualsiasi accessorio abbiamo infiocchettato la casa, divani compresi, rivestendoli con imbottitura e copridivano tinta unita, grigio molto elegante, la terrazza l'abbiamo resa indimenticabile con un set in rattan stupendo, che invitava al relax pomeridiano.

Risultato del nostro lavoro? Venduta in 43 giorni, a prezzo. Come vedi, la risposta, in forme diverse, è sempre la stessa, senza emozione non si vende.

Il costo di un home stager professionista ti sarà interamente ripagato dal prezzo di chiusura dell'affare e sarà anche divertente decidere con lui che "trucco e parrucco" dedicare alla tua casa.

Dopo i primi allestimenti, ero talmente entusiasta dei risultati ottenuti nelle statistiche di vendita, che la Confcommercio della mia città mi propose di presentare il servizio ai miei colleghi. Organizzai l'evento invitando Nadia da Torino e, oltre ai colleghi, anche tanti clienti, passati e in essere, in modo da spiegare l'operatività del lavoro e condividere i successi per creare sinergie operative e proficue.

I tempi però non erano maturi, solo i clienti rimasero entusiasti e firmarono ancora più volentieri gli incarichi, mentre i colleghi più grandi mi sorrisero, con uno sguardo quasi di compassione come per dire: "Tanto ti passerà tutto questo entusiasmo". Beh, l'avrai capito: l'entusiasmo è raddoppiato.

Quando la volpe non arriva all'uva dice che è acerba.

Comunque, se tutti lo facessero noi non venderemmo più degli altri; spero piuttosto avrai capito l'importanza dell'home staging e della realizzazione in maniera più meticolosa possibile.

Una volta che la casa è pronta, devi studiare per accogliere al meglio i tuoi possibili acquirenti; non basta una bella casa per vendere, l'emozione dev'essere supportata dalla cura dei dettagli.

Ricorda che il cliente deve vedere casa sua, non la tua. Se la casa è abitata, gli accorgimenti sono maggiori e più impegnativi, ma ne vale la pena.

Se hai un animale, sarebbe preferibile non tenerlo in casa durante l'appuntamento. Se è un cane o un gatto potresti affidarlo alla vicina o farlo portare a spasso, se sono roditori o volatili dedicagli un angolo secondario della casa e copri la gabbia con un telo, così da rendere il momento meno stressante anche per loro.

Ho il ricordo di una vendita di un appartamento con 6 cardellini liberi per la casa, fu un incubo e l'acquistò un veterinario, l'unico che non scappò dopo i primi dieci minuti di appuntamento. Perché non li chiudevo in gabbia per le visite? Perché non avevano mai avuto una gabbia, per la proprietaria erano i suoi figli, guai a parlarne come volatili. Povera me. Storie grottesche a parte, gli animali sono belli e adorabili per noi che li possediamo e amiamo, molti però non la pensano allo stesso modo e potrebbero essere condizionati negativamente dalla loro presenza.

Per chi crede alle energie, vi dico che sono anche dei forti catalizzatori, contrari alla vendita, poiché loro nella casa hanno fatto la cuccia e non la vogliono abbandonare.

Sembra strano vero? Anche per me lo era, prima di vendere una bellissima casa in centro dove insieme al proprietario abitava Lucy, un'anziana gattona che, 2 minuti esatti prima dell'arrivo dei clienti, pensava bene di farsi venire le coliche e ogni altro tipo di malessere talmente invasivo da dover inventare scuse con le persone per giustificare il ritardo e pulire tutto alla velocità della luce.

Quando Lucy si arrese alla sua veneranda età (19 anni), Sergio, durante la nostra telefonata di condoglianze mi disse: "Beh, almeno ora che lei non c'è più, venderemo la casa".
Sul momento ho trattenuto il sorriso, per delicatezza, ma mi sono ricreduta velocemente e in seguito documentata sull'argomento che avevo sottovalutato. L'immobile è stato venduto

all'appuntamento successivo alla scomparsa del gatto, a prezzo; Sergio felicissimo, io a bocca aperta.

Non volendo equiparare i bambini agli animali, ti faccio comunque presente che anche questi sono una distrazione importante e se possibile sarebbe bene allontanarli dalla scena: non sappiamo come potrebbero comportarsi durante l'appuntamento, soprattutto perché non puoi dedicargli tutta l'attenzione; il tuo focus in quel momento è l'acquirente perciò arruoliamo nonni, zii, o facciamo l'appuntamento quando sono a scuola o all'asilo.

Ho parlato di bambini, ma la regola vale anche per tuo figlio adolescente: sarebbe comunque un elemento in più da gestire, che non ti farebbe concentrare sulla presentazione e potrebbe condizionare o distrarre il tuo ospite.

Quindi, appurato che l'appuntamento di vendita è un tête-à-tête con il tuo potenziale acquirente, poco prima del suo arrivo prepara la scena, fatti un giro per la casa, controlla che sia tutto in ordine, ricorda che se hai fatto sparire il cane, sarebbe bene mettere via la sua ciotola dell'acqua, prima che qualcuno c'inciampi.

Un'attenzione particolare dedicala alle icone calcistiche e politiche che potresti avere qua e là; anche queste potrebbero destabilizzare e condizionare il tuo potenziale acquirente. Non dimenticherò mai la vendita di un bellissimo quadrilocale, ristrutturato in maniera maniacale, che il mio cliente voleva acquistare senza nemmeno trattare sul prezzo. Ero felicissima di fare il secondo appuntamento con lui che voleva mostrarlo alla futura moglie e ai futuri suoceri.

Si sa che le donne, oltre che avere l'ultima parola in queste situazioni, sono anche le più attente ai particolari, e infatti Marisa, notata una piccolissima cosa in fondo alla libreria, esclama "Ah, no, il busto di Mussolini no".
Volevo morire, mi ero dimenticata di toglierlo e questa leggerezza mi costò l'affare in quel momento; se ne andarono indignati.

Io, confesso, non ho avuto il coraggio di dire la verità al proprietario, negli appuntamenti successivi quel busto era la prima cosa che nascondevo nell'armadio, insieme alle ciabatte e le sciarpe della squadra del cuore; la vendita arrivò subito dopo, purtroppo, in questo caso, a un prezzo inferiore rispetto a quello che avrebbero offerto i primi clienti, ma sbagliando s'impara.

Penso di essere stata abbastanza esaustiva su tutti gli accorgimenti da attuare; ora sta per arrivare il tuo cliente, aspetta pure che suoni il campanello, non ti far trovare fuori dal palazzo in trepidante attesa. Solleva tutte le tapparelle, accendi tutte le luci della casa, anche se è luminosa, creano un'atmosfera più calda e danno continuità, specialmente negli angoli morti o nei corridoi.

E ora, che abbia inizio lo show.

RIEPILOGO DEL CAPITOLO 2:

- SEGRETO n. 1: Non c'è una seconda occasione per fare una buona impressione, non fare tentativi.

- SEGRETO n. 2: L'home staging è uno strumento di vendita che devi usare se vuoi ottimizzare tempi e risultato.

- SEGRETO n. 3: Poiché il cliente deve vedere casa sua, è bene mettere via ogni oggetto che rappresenti la tua fede calcistica, politica o religiosa.

- SEGRETO n. 4: Non sottovalutare l'energia degli animali e dei bambini, limitano la vendita.

- SEGRETO n. 5: L'appuntamento di vendita è un tête-à-tête, perciò è bene essere soli con il potenziale acquirente.

Capitolo 3:
Il marketing migliore

Il marketing migliore è quello che riesce a filtrare i potenziali acquirenti individuando i più interessati. Strumento cardine del tuo marketing è l'annuncio immobiliare, la cosa più sottovalutata da privati e agenzie, che sembra facile ma non lo è affatto poiché, come avrai intuito, anche qui ci sono delle regole da seguire per fare in modo che la tua comunicazione risalti rispetto alle altre a fianco a te nei siti dedicati.

Prima di impugnare il vocabolario dei sinonimi e contrari e metterti a scrivere, pensa alla casa e ai suoi maggiori punti di forza che ti serviranno per individuare, in maniera più precisa possibile, chi può essere il tuo potenziale acquirente.

Se la casa è grande con 4 camere da letto probabilmente sarà una famiglia a essere interessata, se è un piccolo attico mansardato potrebbe piacere a un single, se è una casa al mare, il turista sarà forse uno dei primi a contattarti. Se capisci al meglio chi è il tuo interlocutore, il tuo messaggio sarà più efficace. L'annuncio dev'essere composto dal titolo, dal corpo del messaggio, dai dati tecnici e da quelli obbligatori per legge.

Il titolo è la cosa che certamente leggono tutti, le statistiche dicono che solo il 5% dei clienti si sofferma a leggere tutto il testo; questo non vuol dire che non ti devi curare del resto, ma solo che la prima parte è quella che fa l'occhiolino e cattura l'attenzione.

Il titolo deve contenere la tipologia dell'immobile, una caratteristica d'impatto e chiaramente la zona; un esempio: "Attico con vista mozzafiato in Via Roma alta".

È ovvio che l'aggettivo deve attirare quello che hai individuato come il tuo target, non esagerare e, soprattutto, non inventare: creeresti false aspettative che in loco avrebbero un eco talmente negativo da compromettere la visita.

Ora che hai catturato l'attenzione, vocabolario alla mano e scrivi il corpo dell'annuncio. Io scherzo ma anche la grammatica è importante, la linearità della comunicazione che dev'essere fluida e accompagnare il tuo lettore all'interno dell'immobile, stanza dopo stanza. Il linguaggio che ti consiglio è descrittivo ma non troppo minuzioso, accattivante ma non esageratamente poetico;

un'indagine condotta da un portale ha evidenziato come un buon testo dovrebbe contenere mediamente 250 parole, che credo siano sufficienti per raccontare la composizione della casa e i suoi punti di forza, senza perdersi in criteri troppo soggettivi.

È inutile scrivere quanto è bella e favolosa la terrazza, meglio invece descriverla e parlare dell'angolo relax, riparato dal vento, con i divani e il tavolo, della zona solarium più esposta a est, della zona barbecue ben distante e della zona ripostiglio più riservata.

Fai attenzione anche all'utilizzo delle parole, ci sono termini che sono più impattanti ed efficaci, come per esempio "panoramico", "nuovo", "luminoso", e altri che, per quanto non abbiano un'accezione negativa, suscitano meno interesse, come "vuoto" o "pulito".

Immaginati già l'appuntamento e racconta gli ambienti esattamente per come il tuo cliente li vedrebbe nel tour di visita, cercando di aiutarlo a immaginarsi già dentro, partendo dunque dalla zona giorno, la sala, la cucina, i rispettivi balconi o meglio terrazze e giardini, poi la zona notte e infine i bagni e i ripostigli. Se hai pertinenze, inseriscile alla fine della descrizione della casa e se vuoi scorporare i prezzi di vetrina, scrivi semplicemente: "Possibilità d'acquistare anche il garage di x mq o la cantina di x mq all'interno del condominio".

Un cenno è importante farlo anche sulla zona, indica che centri d'interesse ci sono vicino, università, ospedali, uffici o negozi; se sei in periferia vale comunque la pena scrivere qualcosa e magari esaltare la tranquillità a soli 25 minuti dal centro cittadino.

Ultimo dato che obbligatoriamente devi inserire, per non incorrere in una sanzione, è l'indice di prestazione energetica e la classe energetica, indicazioni che trovi nell'Ape, attestato di prestazione energetica, che dovrai chiedere al tuo geometra o ingegnere di fiducia, prima di iniziare la promozione della casa; stai tranquillo, è una mera certificazione, ha validità 10 anni e devi portarlo in copia originale il giorno del rogito notarile.

Assomiglia alla classificazione degli elettrodomestici, la scala va dalla A alla G, indicando l'isolamento termico e acustico dell'immobile in base ai metodi costruttivi, agli infissi e al sistema di riscaldamento. Come puoi intuire la classe A indica la migliore condizione, classe G in genere sono quelli che non hanno subito interventi nel tempo e magari hanno il riscaldamento a caldaia condominiale. Ti ribadisco che non condiziona il prezzo di vendita, ma è obbligatorio, per legge, indicare i parametri nell'annuncio di vendita e alla fine depositarlo in atto. Ti consiglio di fartene fare due copie, una da allegare in atto e l'altra da consegnare al tuo acquirente.

Nelle schede dei portali ti chiedono di compilare gli spazi relativi alle informazioni tecniche, per esempio quando ti viene richiesto di inserire i mq della casa, non scrivere il numero che ti ricordi dal 1982 o quello che ti aveva detto vostro padre quando l'aveva comprata, piuttosto guarda la visura catastale e indica quel valore, comprensivo di aree esterne; lo so che la terrazza non è contata al 100%, che ti sembra un numero troppo basso ma quelli sono i mq commerciali sui quali, volente o nolente, si calcola il prezzo.

La stessa cosa nell'indicatore dell'anno di costruzione, lo ritrovi nell'atto d'acquisto, se è recente, sempre nella visura; non fare il furbo inserendo la data della ristrutturazione perché, per quanto può valere il ragionamento dell'appartamento in sé che, se rifatto, dimostra meno anni, quel dato è sulla palazzina e il tuo potenziale acquirente potrebbe valutare la cosa come un tentativo di raggiro.

Ed ora viene il bello, il prezzo, che, a mio avviso, dev'essere assolutamente inserito sempre. Sorrido quando leggo "trattative riservate" perché non ne capisco il motivo, anzi, ho sempre idea che chi lo sta proponendo si vergogni di quanto chiede; se sto vendendo una villa da 2.000.000 € certamente sono sicura che li vale.

Ovviamente la trattativa sarà riservata ma nel senso che selezionerò le persone al primo approccio, verificherò qual è la loro ricerca e quali sono le loro esigenze per tutelare la proprietà, ma inserendo la cifra verranno solo coloro che se la possono permettere, non quei sognatori fuori dal mondo con i quali poi si entra in conflitto perché hanno sempre la battuta stupida.

Tra l'altro statisticamente un annuncio senza prezzo è cliccato il 45% in meno di uno completo, quindi, è regola.
Ultimo consiglio, nella definizione della cifra in vetrina, applica la strategia del discount, con i decimali, ovvero se hai deciso di

realizzare 190.000 €, non mettere 200.000 € ma 198.000€. Le motivazioni sono due, una di carattere psicologico, che è facile da comprendere, l'altra di carattere tecnico, poiché negli annunci on line si applicano i filtri e se il tuo acquirente ha selezionato 200.000 € come suo budget massimo di spesa, è possibile che non veda il tuo annuncio o lo veda tra gli ultimi.

L'annuncio è scritto, ora va accompagnato da un buon servizio fotografico. Se ti sei avvalso di un home stager, probabilmente hai già quello che ti serve. Se stai facendo tutto da solo, dovrai pensare anche a quest'aspetto che, come immaginerai, ha un'importanza notevole, poiché sarai allineato a tutti i tuoi competitor e la prima foto di copertina influenzerà il primo click del tuo possibile acquirente.

Il consiglio primario è sempre quello di rivolgerti a un professionista, un fotografo o comunque qualcuno che ha la passione per la fotografia, a meno che quel qualcuno non sia proprio tu e allora mettiti all'opera: io scatto con una reflex per avere immagini di ottima qualità e utilizzo il grandangolo, che aiuta a far percepire l'ambiente completo, ma per un annuncio privato vanno benissimo anche delle foto fatte con il cellulare, posto che gli ultimi smartphone oggi sono meglio di tantissime macchine fotografiche. Potresti trovare in commercio a poche decine di euro anche degli obiettivi da applicare al telefono, sono utili in questo caso e divertenti nel tempo libero.

Fai le foto a tutti gli ambienti, cercando di tenere a mente le regole che hai imparato nella presentazione della casa, perciò prima di scattare togli la borsetta di tua moglie dal tavolo, la ciotola del cane dalla cucina, la bottiglia d'acqua dal comodino. Vedo ancora oggi foto negli annunci di privati con la nonna in poltrona o il bambino in camera che gioca alla Playstation, nei casi migliori la sagoma del proprietario riflessa nello specchio del bagno con il flash che lo santifica.

Ho una cartella nel mio pc di "foto improbabili" salvate da annunci, ahimè non solo di privati ma spesso di colleghi; c'è anche un blog, *"Terrible real estate agent photographs"* che raccoglie immagini di agenzie dove i book fotografici hanno dell'incredibile e grottesco. Io, che sono maniaca, spesso tolgo anche le tovaglie e i centrini dai tavoli, così come tutte le ciotole, ciotoline porta chiavi e porta tutto, le pile di giornali o documenti sulla credenza, che riempiono molto l'occhio e non fanno percepire al meglio lo spazio. Ti chiedo davvero di curare al meglio quest'aspetto, perché determina il 60% del successo della tua inserzione immobiliare. Come detto, la prima foto dev'essere la migliore, quella che rappresenta la casa e ricalca il titolo dell'annuncio.

Quindi nell'attico potrebbe essere la terrazza ben arredata, che ci dà già l'idea di relax e benessere, nella villetta a schiera un angolo del giardino, magari con il barbecue a vista, nell'appartamento più classico, in genere, comanda la zona giorno, perciò sala in primis, cucina se è davvero bella rispetto a tutto il resto. Non mettere il bagno neanche se hai la jacuzzi, né la camera se hai la cabina armadio, sono ambienti secondari che non attirano la chiamata.

Un articolo, ripreso da Idealista, uno dei maggiori portali immobiliari del momento, ricorda come chi cerca casa su internet, oggi ci mette circa 20 secondi nel giudicare la prima foto, e in quei secondi, ti giochi la possibilità di catturare il tuo acquirente. L'inquadratura, cellulare o meno, dev'essere orizzontale, in modo da prendere al massimo la scena; se riesci tieni un'altezza media a

1,5 mt da terra, così da non deformare niente e stai attento a non tagliare troppo mobili e ambienti, piuttosto incornicia solo i divani e nella foto successiva il tavolo da pranzo con tutte le sedie e la madia.

Solo alla fine di tutte le immagini puoi, anzi devi, inserire la pianta della casa. Puoi semplicemente fare la scansione della planimetria catastale, tagliando i contorni per renderla più grande, sia dell'appartamento che delle pertinenze.

Vanno bene anche le foto degli esterni della palazzina o del contesto, non troppe e solo se sono meritevoli. Non fare come un mio cliente che stava pubblicizzando il suo bellissimo appartamento completamente ristrutturato con la foto della facciata del palazzo: un palazzo che in città chiamavamo "Baghdad" perché le condizioni esterne erano indescrivibili.

Quando glielo feci notare si giustificò dicendomi che alla fine, ma molto alla fine, dell'annuncio, aveva scritto che i lavori erano stati deliberati e lui li aveva già saldati. Inutile, il suo potenziale acquirente quell'annuncio non l'aveva nemmeno aperto.

Se ti stai chiedendo quante foto dovresti pubblicare, chiaramente è tutto proporzionato alle dimensioni della casa, 6 foto sono poche, 50 sono troppe, il tuo potenziale acquirente non si deve stancare di guardare sempre le stesse immagini ma deve esserne catturato e incuriosito; vanno bene più foto dello stesso ambiente ma chiaramente da angolazioni differenti.

Bene, abbiamo l'annuncio perfetto, dove lo mettiamo? "Se non sei on line non sei da nessuna parte" dicono gli esperti, e mai come nel settore immobiliare. Ormai, con la vita frenetica che facciamo, chi vuole acquistare una casa si dedica alla ricerca nelle pause di lavoro, dopo cena sul divano, oppure chiede ai nipoti più esperti nella navigazione, per poi selezionare quali andare a vedere.

Il mercato immobiliare è certamente uno dei più competitivi, i portali sono leader indiscussi e trovare qualche sito gratuito valido è sempre più difficile. L'annuncio gratuito in poco tempo viene superato dagli altri perciò la tua visibilità può durare al massimo poche ore; nella maggior parte dei casi riceverai telefonate da turisti immobiliari e un certo tipo di agenzie, cioè quei soggetti che, per motivi diversi, hanno tempo di scandagliare il web e andare a tappeto su tutti. La scelta sbagliata del portale non è rischiosa, l'unica cosa che ti può capitare è perdere tempo. Ti faccio presente alcune osservazioni che dovrai fare nella scelta.

La prima cosa è fare una cernita tra quelli gratuiti, ce ne sono molti, anche siti minori, che riesci subito a qualificare se dai un'occhiata alla loro interfaccia, all'ultima pubblicazione, alla sensazione generale che ti trasmettono.

Diciamo che qualcuno puoi sceglierlo, qualcun altro evitalo, non lo considerare nemmeno come tentativo, poiché nel caricamento del tuo immobile potrebbe essere lacunoso e alle volte dannoso.

Immedesimarti nell'acquirente anche in questo caso può essere utile: parti da Google e digita la tua ricerca, vedi quali sono i primi portali che ti propone e inizia a navigarci; qualcuno l'avrai già visionato facendo l'analisi di mercato perciò credo sarà facile per te scegliere.

Un altro strumento di marketing importante e sottovalutato è il cartello, il classico che puoi acquistare in cartoleria e attaccare al portone del condominio. La prima cosa da fare è chiamare l'amministratore e chiedergli se il regolamento lo consente e così, nella chiacchierata, cogliere l'occasione per fargli presente che stai mettendo in vendita la casa, perciò se dovesse avere sentore di qualcuno che cerca una tipologia simile, potrebbe segnalartelo.

Ho nominato il cartello prestampato della cartoleria ma, se ormai hai capito come la penso, ti direi che potresti anche ingegnarti un pochino e fartelo al computer, è sufficiente un piccolo collage dove copierai il titolo che hai dato all'annuncio e magari la scansione della pianta dell'appartamento e delle pertinenze; ti conviene poi fartelo plastificare in un negozio di articoli per ufficio così dura di più, anche in caso di pioggia.

Attaccalo nel posto più visibile della facciata, sul portone non troppo in alto perché è difficile uno alzi tanto la testa, ma nemmeno troppo in basso, perché ci sono le auto parcheggiate che ostruiscono la visuale.

Io come agente curo molto il cartello perché è uno di quegli strumenti di ricalco dell'annuncio che ha un'efficacia reale, ovvero il tuo potenziale acquirente spesso prima vede l'annuncio e poi, il sabato pomeriggio, insieme alla compagna, si fa un giro nella via per capire qual è il punto preciso. Se vede il tuo cartello non ci sono dubbi, può chiamare se gli piace quello che sta vedendo, può rinunciare in caso contrario, ma tu non avrai perso tempo. Se non abiti nell'appartamento che stai vendendo, ogni tanto passa a controllarlo, alle volte il vento, più spesso condomini gelosi o agenti immobiliari della peggio specie, si divertono a strapparlo.

Così come il cartello, funziona molto il passaparola nel quartiere, inteso con l'obiettivo di far sapere a tutti che il tuo immobile è in vendita, per cui ti consiglierei, a parte la famosa chiacchierata con l'edicolante, il barista ed eventuali personaggi chiave del rione, anche una piccola attività di marketing con un supporto visivo.

Lo stesso format del cartello puoi stamparlo più piccolo, diciamo in A5, e chiedere di appenderlo in qualche bacheca, quella del compro vendo del supermercato, della palestra, della paninoteca; le persone che frequentano il quartiere sono le prime che potrebbero essere interessate alla tua casa, facciamoglielo sapere.

Siamo nell'era digitale, dopo il cartello cartaceo c'è quello telematico, nelle piazze più frequentate, Facebook e Instagram.

Facebook è ormai il social più apprezzato, ma soprattutto più utilizzato in Italia, ormai da tutte l'età; la gente spende su Facebook il quadruplo del tempo passato su Google. La riuscita di un annuncio su Facebook è direttamente proporzionale a quanti contatti hai e a quanto sono attivi e social gli amici che decidi di taggare, che ovviamente potrebbero condividere il tuo post e dargli sempre più visibilità.

Anche in questo caso ti direi di utilizzare il book fotografico: carica le foto come un album, non metterle tutte, scegline una per ogni ambiente, il testo dev'essere breve ed esplicativo, ma non troppo lungo, quindi, ricopia il titolo e accompagnalo con una brevissima descrizione; l'obiettivo in questo caso è il contatto.

Lo stesso obiettivo deve avere Instagram, social più recente di Facebook ma più immediato e per questo amato dai giovani, basato sulle immagini. In questo caso il consiglio è di fare un collage mettendo 4 foto, la migliore di copertina più altre tre e mettere semplicemente il titolo dell'annuncio. Qui può servire utilizzare gli hashtag, richiamando alla tipologia, alla zona, ad esempio #atticoincentro, #terrazzabitabile, #caseatorino. Una caratteristica di Instagram è la spontaneità, espressa nelle stories, che puoi sfruttare per caricare fotogrammi di particolari, l'angolo divani in terrazza, l'ingresso con un bel cappello appeso, il tavolo della sala con un bel mazzo di girasoli che guarda la terrazza. Entrambi i social permettono di fare annunci a pagamento, le sponsorizzate, scegliendo anche zona e target a cui farle arrivare; si investono pochi euro e il risultato non è malvagio.

Bene, ti hanno visto tutti, ora ti chiameranno. Sperando che tu sia libero per ricevere le telefonate, ti direi di utilizzare queste conversazioni come filtro, per capire se chi c'è dall'altra parte può essere realmente interessato o no, sempre nell'ottica di perdere meno tempo possibile e non fare appuntamenti inutili. Spesso i clienti si lamentano con me perché porto poche persone, io ricordo loro che l'acquirente sarà uno, inutile portare chiunque.

Il lavoro di un bravo agente immobiliare è portare meno gente possibile, perché significa che ha fatto selezione prima; in molti casi ho venduto con 2 appuntamenti fatti, scartando magari 20 persone che avevano chiamato. Non pretendo che tu abbia la mia esperienza, però cerca di fare qualche domanda e soprattutto di dire la verità sulla casa, non ti pavoneggiare inutilmente, sarà un problema in appuntamento. Non ti dichiarare mai troppo disponibile, se hai più chiamate ti ricordo di metterle nello stesso pomeriggio in modo da faticare una volta per preparare la casa, come ci siamo detti nel capitolo 2, e cercare di metterli un po' in competizione tra loro.

Noi agenzie facciamo spesso gli open house, cioè un pomeriggio dove si può visitare la casa senza appuntamento preciso, io e i miei collaboratori siamo lì e accogliamo i clienti che arrivano. È interessante come con questo strumento si riesca a mettere subito in competizione le persone interessate e le proposte d'acquisto arrivino molto prima.

Non ti consiglio una cosa del genere, che prevede una logistica importante e soprattutto organizzata, ma mi interessa farti capire il principio di scarsità, utilizzabile anche nelle seconde chiamate parlando di alcune proposte che sei in attesa di ricevere. Ricorda che i clienti tengono conto del prezzo solo quando non hanno nient'altro da prendere in considerazione.

RIEPILOGO DEL CAPITOLO 3:

- SEGRETO n. 1: Il marketing migliore è quello che riesce a filtrare i potenziali acquirenti individuando i più interessati.

- SEGRETO n. 2: L'annuncio dev'essere composto dal titolo, dal corpo del messaggio, dai dati tecnici e da quelli obbligatori per legge, dal prezzo.

- SEGRETO n. 3: Un annuncio con belle immagini ha più visibilità, meglio affidarsi a un professionista per il book fotografico, a meno che tu non lo sia.

- SEGRETO n. 4: Se non sei on line non sei da nessuna parte, scegli i migliori portali immobiliari per la tua casa, non soltanto quelli gratuiti ma i più completi.

- SEGRETO n. 5: I social sono il tuo cartello virtuale, utilizzali al meglio, facendo un post corto ed efficace.

Capitolo 4:
Come evitare problemi burocratici

Le trattative tra privati, nella maggior parte dei casi, saltano per problematiche tecniche e burocratiche dell'ultimo minuto, che le persone inesperte non riescono a gestire. Non pensare che tutto risolverà l'amico geometra o il notaio alla fine, in molti casi le cose sono più complesse di come puoi immaginare e ti ritrovi a non avere tempo per risolverle o peggio a dover versare il doppio della caparra già incassata o pagare anche penali.

Non voglio terrorizzarti ma, anche in questo caso, rimango basita davanti a colleghi che prendono incarichi senza curarsi della documentazione, fidandosi delle cose dette dal proprietario. Per ogni venditore la propria casa è a posto, "così come lui l'ha comprata, la può rivendere": non c'è credenza più sbagliata.

Anche escludendo l'ipotesi che ti abbiano nascosto qualcosina il giorno del tuo atto, le normative sono cambiate, le banche chiedono molta più documentazione rispetto a prima e potresti rischiare di non averla e di non poterla nemmeno produrre. La prima cosa che credo e spero tu abbia verificato è l'intestazione, cioè se la casa è intestata a te; sì lo so, la domanda è banale, ma non scontata, perché potresti scoprire che, nonostante tu abbia pagato la successione di tua mamma ben un anno fa, l'appartamento risulta intestato ancora a lei perché chi ti ha curato la pratica si è dimenticato di fare la variazione oppure c'è stato un problema al catasto, che chiaramente devi risolvere.

A tal proposito ho avuto una bruttissima avventura con una mia conoscente che, fatta una proposta con un'agenzia, mi chiese di intervenire perché aveva sentore che qualcosa non fosse a posto, l'agente stava perdendo tempo in maniera strana. Sarebbe stato meglio mi avesse chiamato prima di firmare, ma ovviamente la prima cosa che faccio è chiederle copia dei documenti che il collega le avrebbe dovuto rilasciare alla firma della proposta d'acquisto.

Non dimenticherò mai quella risposta: "Non li ho perché, per scaramanzia, mi ha detto che me li avrebbe dati in un secondo momento", "Cosa?". Cerco di non arrabbiarmi con lei, per quanto è proprio vero che le persone vanno a cambiarsi il guardaroba con gli amici e da soli a comprar casa.

Le chiedo il nome della proprietaria, lo ricaviamo dall'assegno di caparra, e inizio a fare le mie ricerche, che portano all'odiato "te l'avevo detto", poiché scopro che la casa non era più intestata solo a quella persona, ma che lei aveva donato il suo 50% alla sorella, e aveva poi chiesto un mutuo ipotecandola presso la banca.

In 15 minuti, una casa senza ipoteche e problematiche, è diventata una mission impossibile, per via della donazione a fronte del mutuo da sottoscrivere per l'acquisto. Tutto perché il collega non si era assolutamente curato di controllare prima i documenti e, una volta saputa la situazione, cercava in maniera maldestra di divincolarsi ma ormai ero arrivata io e lui ha smesso di rispondere al telefono, avendo già percepito la provvigione alla firma della proposta.

La storia ha un lieto fine, la mia conoscente ha comprato perché sono riuscita a risolvere tutto, senza picchiare il collega con il quale già non collaboravo, e che ora non saluto.

Quindi in breve ti ho dimostrato come prima di fare qualsiasi appuntamento di vendita, devi necessariamente capire cosa vendi. L'intestazione corretta deriva dall'atto di provenienza, ovvero l'atto ufficiale in virtù del quale sei diventato proprietario, del quale devi avere una copia conforme. Titoli d'acquisto della proprietà sono: la compravendita, la successione, la donazione, la permuta, la divisione, un provvedimento giudiziale.

La compravendita è l'atto d'acquisto più semplice, ovvero il contratto con cui si formalizza il passaggio di proprietà della casa e il prezzo che l'acquirente ha pagato alla parte venditrice per assicurarsela.

I dati che deve obbligatoriamente contenere sono: il valore dell'immobile, le modalità di pagamento – che ovviamente deve avvenire con assegni o bonifici per poter essere certificato – i dati dell'eventuale agenzia e le spese sostenute.

Il tutto viene letto e garantito dal notaio, il quale ha l'obbligo di trascrizione alla Conservatoria entro 20 giorni dalla firma; le spese di tasse e notaio sono totalmente a carico dell'acquirente, che per questo ha diritto di scegliere il professionista che preferisce.

Assicurati dunque di avere sia la copia dell'atto che della trascrizione; qualora tu abbia acquistato con mutuo, è bene avere anche la copia dell'atto di mutuo, poiché, quando avrete deciso la data dell'atto, dovrai chiedere al tuo istituto di credito l'importo residuo, per poter saldare interamente il tuo debito, contestualmente alla vendita, in modo che il tuo acquirente possa acquistare la casa libera da vincoli.

La successione è l'atto posteriore alla morte di una persona, sancisce il passaggio di tutto il suo patrimonio, e dei diritti reali che lo compongono, in capo agli eredi aventi causa. La successione potrebbe essere testamentaria, cioè quando il de cuius, così si definisce il defunto, ha già designato in vita i suoi eredi a mezzo di un testamento, oppure legittima, cioè quando gli eredi sono individuati direttamente dai rapporti di parentela che hanno con lui.

Se sei uno degli eredi, o meglio per te, l'unico, dovrai preoccuparti di fare o verificare, se è stata già fatta, la dichiarazione di successione, accertarti del pagamento della pubblicazione del testamento qualora fosse testamentaria e della correttezza della trascrizione nei pubblici registri e in catasto.

Ti ricordo una cosa, che spesso il notaio omette nel preventivo: poiché tu sei venditore di un bene ereditato, in sede di rogito dovrai pagare una tassa, che si chiama "accettazione tacita dell'eredità" poiché, per garantire la continuità del ventennio, tecnicamente devi dichiarare che accetti il bene ereditato.

Lo so, ti sembra assurdo, soprattutto se hai pagato la pubblicazione del testamento e le tasse di successione, ma questa è un'altra cosa.

La notizia positiva è che la paghi solo la prima volta che vendi qualcosa dell'asse ereditario, per esempio se hai ereditato 2 immobili che venderai, dovrai pagarla solo in occasione della prima vendita; la notizia cattiva è che la devi pagare per ogni de cuius intestatario del bene venduto, cioè se prima è deceduta tua madre e poi tuo padre devi pagarla per entrambi; il costo si aggira intorno ai 400 € per de cuius e il pagamento deve essere fatto direttamente al notaio il giorno del rogito di vendita, accompagnato dai certificati di morte.

È fondamentale stare attenti anche quando si acquista perché ti faccio l'esempio concreto di Silvia, mia cara venditrice che 7 anni fa comprò la casa che aveva deciso di affidarmi.

Prima di procedere con il marketing, vidi subito che i suoi venditori di allora erano 5 eredi, tra l'altro – mi disse lei – sparsi in diverse località d'Italia, e mi si accese la lampadina poiché ereditarono prima dalla morte del padre, poi della madre e successivamente di uno dei fratelli. Dopo un controllo fatto dal mio notaio di fiducia, risultò che in occasione della vendita, nessuno chiese loro le tre accettazioni tacite (padre, madre e fratello) per cui oggi, quella tassa, era in capo a Silvia, poiché segue l'immobile.

Quando abbiamo venduto, lei ha dovuto pagare 1.100 € che avrebbe cercato di recuperare dai suoi venditori, ma come sempre, meglio essere informati prima e non fidarsi troppo, nemmeno di certi addetti ai lavori, che poi se ne lavano le mani.

Quando ci sono molti eredi, il problema è che spesso alcuni sono difficili da rintracciare, altri probabilmente morti, come il caso di Marco che ci ha chiesto aiuto poiché lui risulta erede di un locale commerciale insieme ad altre 32 persone.

Ti sembrano tante? Non finisce qui, perché saranno certamente di più, poiché in visura ci sono soggetti nati nel 1928 e nel 1931, quindi stiamo indagando sul loro decesso e sugli eredi che sono subentrati, se hanno accettato o meno l'eredità. Insomma, grandi mal di testa, fondamentali però per capire chi ha diritto alla firma al rogito.

La donazione è l'atto con cui un soggetto, il donante, dona, in vita, uno o più beni o diritti reali, a un altro, il donatario, in forma totalmente gratuita. Così come tutti gli atti pubblici, anche in questo caso è fondamentale la presenza del notaio, delle parti e di due testimoni; può essere revocato dal donante in qualsiasi momento.

È il classico strumento messo in campo dagli anzianotti che, prima di passare a miglior vita, vogliono lasciare le "cose a posto" tra tutti i figli e procedono alla divisione dei beni e la conseguente donazione.

Questo è chiaramente un gesto bellissimo. Solo a me, figlia unica, mio padre ha venduto la casa – e mi sono dovuta prendere un mutuo – per insegnarmi come si sta al mondo.

Scherzi a parte, è un gesto tanto bello quanto insidioso poiché se oggi vuoi vendere la casa che tua mamma ti ha donato 5 anni fa, dobbiamo risolvere un problema, visto che la donazione è considerata l'unico atto impugnabile e le banche in linea di massima non finanziano immobili oggetto di donazione. Quest'ultima ratio scompare solo in due casi: se sono passati 10 anni dalla morte del donante, se sono passati 20 anni dalla donazione.

Se non rientri in nessuno di questi casi abbiamo due strade: revocare la donazione, cioè se il donante è ancora in vita torniamo tutti dal notaio e riportiamo la situazione ante donazione, sarà poi tua mamma la venditrice ufficiale dell'immobile e purtroppo ci pagheremo i costi dell'atto; oppure oggi molte banche, per far fronte a queste problematiche, hanno istituito delle polizze assicurative che coprono il rischio prodotto dalla donazione.

Qual è il rischio? Un'azione da parte di eventuali eredi legittimari che possono procedere con un'azione rivendicativa del bene. Per tutelare la quota, interviene la polizza, che teoricamente dovrebbe pagare il venditore, ma praticamente ci si mette spesso d'accordo in base all'andamento della trattativa; stiamo parlando di un importo più o meno pari a 1.500/2.000 €.

Mi capita spesso di trattare case oggetto di donazione e riportare i genitori donanti dal notaio è sempre l'ultima scelta, sia perché bisogna ripagare l'atto, sia perché dirgli che il loro generosissimo gesto ha creato un problema non è mai piacevole. La polizza è la più gettonata, richiesta anche nell'ultimo caso che ho affrontato, dove il donante ha anche provato a scamparsela producendo un certificato medico di infertilità di diversi anni prima.

La banca ha insistito con l'assicurazione, altrimenti non avrebbe chiuso l'operazione dell'acquirente, che pure era d'accordo. Ovviamente, anche in questo caso occorre sempre avere la copia conforme della donazione con la relativa trascrizione notarile.

La permuta, strumento sempre meno utilizzato, ma volto anch'esso al passaggio di proprietà, avviene quando 2 soggetti si scambiano beni o altri diritti, alle volte alla pari, quando è pura, alle volte con conguaglio per una delle parti di una differenza pattuita. Nella maggior parte dei casi i beni oggetto di permuta sono liberi da vincoli, cioè senza mutui o impegni che vi gravano.

Deus ex machina anche in questo caso è sempre il notaio. La permuta più frequente oggi è tra un costruttore che deve vendere un immobile nuovo del suo cantiere e il privato che vorrebbe acquistarlo ma non ha ancora venduto il suo; al costruttore conviene la permuta più conguaglio, poiché in un secondo momento rivenderà, certamente a un prezzo più alto, il bene acquisito, senza fretta ed essendosi già liberato del nuovo.

Il caso più strano che mi è capitato è quello della permuta tra una smart e due monolocali; il proprietario degli appartamenti aveva delle cause in corso sugli immobili e non poteva far fronte alle spese legali, rischiava di perderli e mi ha chiesto una mano.

Dopo aver cercato invano chi li acquistasse, anche a un prezzo ridicolo, vista l'incertezza delle cause, lui mi disse che gli sarebbero bastati i soldi per acquistare una smart. La mia lampadina s'illuminò e trovai proprio chi non riusciva a vendere una smart fiammante, perché forse aveva un prezzo troppo alto.

Vista la situazione atipica, abbiamo chiesto assistenza al notaio che non ha stipulato un vero e proprio atto di permuta, vista la diversità dei beni scambiati, ma ha trovato la soluzione legalmente e fiscalmente corretta per procedere in sicurezza.

La divisione si ha quando un comproprietario vuole cedere la sua quota, sia mediante accordo con gli altri o in assenza, ricorrendo al giudice. Se nessuno dei comproprietari, in genere eredi, vuole acquistare o acquisire la quota, il cedente può rivolgersi al tribunale. Se il bene non può essere diviso il giudice può intimare la vendita a una cifra definita insieme al perito del tribunale. Caso tipico oltre l'eredità è l'acquisto da parte di coniugi in comunione dei beni che, in sede di separazione, avrebbero il problema della divisione della casa.

Per provvedimento giudiziale invece, s'intende quell'atto del Tribunale volto all'assegnazione della proprietà; la casistica è varia, gli esempi più comuni e facili da comprendere sono la conclusione di una causa d'usucapione o – molto più frequenti oggi – gli atti di trasferimento dopo un'esecuzione immobiliare, cioè un'asta. Sempre più difficile trovare case all'asta con famiglie in difficoltà che le occupano, ormai sono quasi tutte sgombere ed è diventato un mercato accessibile a chiunque anche con mutuo.

Sperando di non averti annoiato con questa panoramica necessaria per la comprensione dell'importanza dell'atto di provenienza, ora vorrei darti spunti più tecnici fondamentali per la regolarità urbanistica del tuo immobile.
Una grossa verità è che il catasto non fa proprietà, cioè quello che raccontano la visura e la planimetria catastale serve solo per una

rapida comprensione della situazione, ma la verità sul tuo immobile è nel progetto approvato dall'ufficio tecnico del comune, le rispettive concessioni edilizie e la ormai famosa abitabilità. Sono documenti fondamentali anche se stai vendendo un normalissimo appartamento, dove pensi che sia tutto a posto.

Da poco ho venduto un'immobile che i proprietari avevano acquistato nel 1985 dal costruttore, ed effettivamente, a una prima occhiata, non sembravano esserci le problematiche che poi ha evidenziato l'accesso agli atti all'ufficio tecnico; la palazzina, nel progetto approvato, aveva il balcone più corto che abbracciava una sola portafinestra e non due come nella realtà. Sistemare l'irregolarità è costato tempo e soldi, per fortuna ce ne siamo accorti subito e quando abbiamo trovato l'acquirente era già risolta.

Una situazione alla quale nessuno pensa è alla regolarizzazione della planimetria, quando si fanno dei piccoli lavoretti all'interno dell'immobile, che non cambiano troppo le cose; in realtà, anche un muro in meno o una porta in più significano un cambio dei vani, per cui è necessaria la pratica con il pagamento degli oneri. La parola però più gettonata in materia urbanistica ormai è agibilità, pure mia nonna mi chiede se i miei incarichi ce l'hanno. Per certificato di agibilità s'intende il documento che il comune rilascia, al momento del fine lavori di una palazzina, dichiarando sicurezza, igiene, salubrità e risparmio energetico dell'edificio. È obbligatorio per gli immobili costruiti dopo il settembre del 1967, posto che, oltre quella data, l'immobile non abbia subito modifiche tali da avere concessioni o ristrutturazioni e modifiche alla pianta.

C'è purtroppo una grossa fetta di palazzine, soprattutto degli anni '90, che sono prive di tale documento e il proprietario viene a scoprirlo proprio 2 giorni prima dell'atto, quando il notaio lo chiama per averne copia; è qui che scatta la tragedia, tempistiche ormai al limite, caparre incassate e la minaccia di una causa per il risarcimento dei danni.

Molti clienti non hanno neanche il dubbio, poiché quando hanno acquistato la casa con mutuo a loro non è stato contestato nulla, perciò facile pensare che sia tutto ok. In realtà con il passare degli anni, dopo la crisi economica immobiliare, banche e notai sono diventati più selettivi e questo documento è diventato una conditio per il rogito.

Oggi sento tante persone che semplicisticamente parlano di "agibilità parziale", cioè la possibilità di farla fare dal tuo tecnico di fiducia, solo per il tuo immobile. È fattibile certo, ma non sempre. Ho dovuto sospendere la promozione dell'appartamento di Gianluca, un caro cliente.

Quando siamo andati all'ufficio tecnico per presentare la pratica parziale abbiamo scoperto che mancavano tutta una serie di documenti che la palazzina necessariamente avrebbe dovuto avere e che il costruttore non si era curato di fare; per farti degli esempi banali, il calcolo del cemento armato e perfino il piano antincendio.

In questo caso la situazione non può essere risolta dal singolo ma dev'essere presa in considerazione dal condominio che, tramite l'amministratore, affida a dei tecnici la risoluzione delle problematiche e la regolarizzazione di tutto, che chiaramente ha un costo notevole e delle tempistiche molto lunghe.

La prima verifica si può fare leggendo l'atto d'acquisto, se non è troppo datato, in teoria ormai i notai dovrebbero riportare tutte le specifiche, altrimenti va fatto un accesso agli atti in comune e non si sbaglia. L'altra parola che nonna ha ormai sentito fino alla nausea da un paio d'anni a questa parte, è "diritto di superficie", cioè quel diritto reale di godimento che ha permesso al costruttore di edificare su un fondo altrui e di poterne esercitare la proprietà in virtù di legge.

In Italia titolare del diritto di superficie è spesso il Comune, che ha concesso ai costruttori le opere in edilizia convenzionata ed economica. Quest'ultima, definita PEEP (piano edilizia economica e popolare) è ovviamente destinata alle persone meno abbienti, poiché l'impresa ha l'obbligo di vendere gli appartamenti a un prezzo agevolato, in virtù della convenzione che gli ha permesso di non pagare il terreno, ma solo i costi di realizzazione; il Comune mantiene la proprietà del suolo, il superficiario la proprietà dell'immobile.

La convenzione è solitamente citata e allegata all'atto, il diritto di superficie è generalmente fissato per 99 anni. Orientativamente il prezzo della casa è ridotto del 25-30% in meno rispetto a una piena proprietà e quest'indicatore dev'essere rispettato in tutta la storia delle vendite della casa, a meno che non si riscatti la quota di suolo riferita all'immobile e si acquisti la piena proprietà.

Se il tuo immobile proviene da edilizia convenzionata e nessuno ha mai fatto il riscatto, o lo vendi a un prezzo che per questi tempi è ridicolo, o procedi con la pratica di riscatto.

Noi come agenzia seguiamo le pratiche per i nostri clienti venditori perché si tratta di un vero e proprio atto che tu devi stipulare con il comune proprietario del suolo, davanti a un notaio, dopo aver pagato l'importo del riscatto che ti sarà indicato dagli uffici del PEEP del comune dove è ubicato l'immobile. Anche questa è una pratica che, detta così, sembra semplice, ma nell'applicazione ci sono tante insidie e intoppi da gestire.

Ad esempio, il fatto che ancora non siano stati fatti i calcoli per la palazzina che ti riguarda e magari si debbano aspettare anche mesi dopo l'istanza. Questa è una di quelle situazioni che fa saltare le trattative tra privati perché, al di là delle tempistiche, se scopri pochi giorni prima dell'atto che dovrai versare 5-6.000 € per il riscatto e 1.500 € per l'atto, il tuo conto economico potrebbe far vacillare l'affare.

Un'ultima cosa, ma non per importanza, è la verifica di pesi, oneri o ipoteche sulla casa. Anche questa osservazione ti sembrerà sciocca e superficiale da parte mia ma non lo è, come dimostra la storia di Mariano e della sua famiglia. Titolari da generazioni possiedono una delle più grosse aziende locali, sono imprenditori che negli anni hanno capitalizzato acquistando beni immobili e oggi si trovano con tante proprietà e una scarsa liquidità.

Mi hanno chiamato perché oberati di tasse, avevano una cartella molto grossa da parte di Equitalia e volevano liberarsene vendendo uno degli appartamenti più piccoli.
Alla mia domanda in merito Mariano mi rassicura, dicendomi che avevano avuto il pignoramento di alcuni beni, ma quello in questione era libero; avrei potuto fidarmi, stava gestendo gli affari di famiglia ed era molto informato, ma così non feci.

Il mio vizio di controllare anche le cose già controllate molto spesso non è una perdita di tempo e in questo caso scoprii che la cara Equitalia aveva messo il suo pallino rosso su tutti i loro immobili, ergo avrebbe avuto la certezza di recuperare il credito a ogni loro mossa. Come agenzia abbiamo gestito tutta la vendita, avvenuta anche tramite mutuo, e gestito la chiusura contestuale della pratica di recupero crediti – certo, per un privato non è semplice.

Non voglio spaventarti ma solo evitare problemi, dire da subito a un acquirente che c'è una situazione da gestire non è come scoprirlo all'ultimo e pretendere che creda che anche tu non ne eri al corrente, penserebbe che lo volevi raggirare in qualche modo.

Oltre a situazioni simili ci potrebbero essere gravami che tu ignori, dovuti magari alla condotta di qualche tuo coerede, e l'unica cosa che ti dà la certezza della situazione è una visura ipotecaria che puoi chiedere a qualsiasi notaio o anche ad agenzie come la nostra che hanno il collegamento telematico.

A proposito di pesi e oneri invece, non dimenticarti delle spese condominiali, di cui sei responsabile fino alla data dell'atto, anche se la delibera della facciata è stata votata il giorno prima.

A tal proposito devi produrre, in sede di rogito, la liberatoria del condominio, documento sottoscritto dall'amministratore che attesta la tua regolarità nei pagamenti dovuti fino a quella data e che non ci sono spese straordinarie deliberate o insolute.

Può capitare che ci siano ancora dei conguagli da fare e si evidenziano in modo da avere tutto chiaro nei confronti dell'acquirente.

Ti consiglio di conservare la certificazione prodotta dall'amministratore perché è un documento che potrebbe servirti tra qualche anno in occasione di passaggi di consegne maldestri da parte degli amministratori.

Anni fa mi è capitato di aver venduto il trilocale di Simona, una ragazza che purtroppo era arrivata a questa decisione proprio per un pignoramento per debiti condominiali, saliti alle stelle per lavori di facciata, caldaia e colonna montante.

Il suo debito era notevole ed è stato saldato con la caparra incassata al preliminare, per cui arrivammo in atto con la liberatoria condominiale che attestava l'assenza di debiti.

Poco tempo fa mi richiama Simona, dicendomi che il nuovo amministratore di quella palazzina stava chiedendo al suo acquirente delle quote che lei in realtà aveva già versato; per fortuna io avevo la copia del documento e così abbiamo evitato problematiche e contenziosi: sarà l'amministratore uscente a giustificare l'ammanco di cassa.

Quindi bisogna sempre fare molta attenzione ed è meglio dunque spendere un po' di tempo e qualche centinaio d'euro in più che vendere una casa con dei problemi.

RIEPILOGO DEL CAPITOLO 4:

- SEGRETO n. 1: Le trattative tra privati saltano per problematiche tecniche e burocratiche dell'ultimo minuto, non rischiare di perdere il tuo acquirente, studia.

- SEGRETO n. 2: Titoli d'acquisto della proprietà sono: la compravendita, la successione, la donazione, la permuta, la divisione, un provvedimento giudiziale; controlla se sei il proprietario e ricerca il tuo atto di provenienza.

- SEGRETO n. 3: Il catasto non fa proprietà, è necessario un accesso agli atti all'Ufficio Tecnico del Comune dove si trova l'immobile per reperire progetto, abitabilità e concessioni.

- SEGRETO n. 4: Abitabilità e diritto di superficie sono le tematiche più complesse che possono impedire un rogito; affidati a un professionista per la verifica della situazione.

- SEGRETO n. 5: La casa potrebbe avere un gravame che non conosci, fai fare una visura ipotecaria da un notaio.

Capitolo 5:
Comunicare con l'acquirente fino al rogito

La comunicazione è una delle mie passioni. Oggi la comunicazione influenza continuamente la nostra vita quotidiana, tutti abbiamo bisogno di relazionarci con il mondo che ci circonda e saper comunicare efficacemente è fondamentale.

Il termine "comunicazione" – dal latino *"com"*, cioè *"con"*, e *"munire"*, cioè *"legare"* – significa "mettere in comune", condividere pensieri, opinioni, sensazioni con gli altri.

Noi imprenditori ormai facciamo più corsi in questo senso che non sulla nostra attività professionale, perché abbiamo capito che è inutile avere delle idee brillanti, stimare il nostro interlocutore o avere un obiettivo, senza saper esprimere al meglio i concetti ma soprattutto senza farli percepire nella maniera giusta. Un dictat che ho tatuato sulla pelle è che si comunica sempre.

Dobbiamo fare le dovute distinzioni, infatti, tra la comunicazione verbale, cioè quello che si dice, le parole e i termini che si utilizzano, la comunicazione non verbale, cioè quello che si trasmette con la propria postura e i gesti che accompagnano il discorso, e la comunicazione paraverbale, ovvero il modo con cui tutto viene esposto, tono di voce, risate, pause.

All'interno di ogni comunicazione si possono individuare due livelli. Il primo livello è quello del contenuto, e dice "cosa" stai comunicando; il secondo è quello della relazione, e indica il "tipo di relazione" che vuoi instaurare con la persona a cui ti rivolgi.

I messaggi che ci scambiamo non sono solo un passaggio di informazioni, al di là del contenuto oggettivo del discorso, c'è anche un aspetto che definisce la relazione tra noi e l'interlocutore. La stessa frase, detta in tono diverso, cambia completamente il senso della comunicazione perciò conta cosa diciamo ma anche molto come lo diciamo.

Non pretendo che tu studi tecniche di comunicazione prima dell'appuntamento, ma voglio sensibilizzarti anche da questo punto di vista, perché determina la riuscita del lavoro fatto finora.

Ci sono tantissime tecniche di vendita che potrei elencarti ma ti do giusto uno schema, sintetizzato nell'acronimo AIDA che significa Attenzione, Interesse, Desiderio e Azione.

La prima fase è dell'attenzione, devi cioè catturare il tuo potenziale acquirente, con una frase, una battuta; l'interesse devi suscitarglielo subito dopo, dargli degli input vincenti della casa che soddisfano dei bisogni; ad esempio se il tuo potenziale acquirente arrivasse con genitori, fidanzata e amico geometra potresti dirgli sorridendo: "Oh che bello che siete venuti tutti, così apprezzerete ancora di più la grandezza della sala per i pranzi domenicali".

Il desiderio arriva come conseguenza alle fasi precedenti, il cliente inizia a vedersi nella tua casa, immagina sé e i suoi cari lì dentro; ovviamente dopo il desiderio è il momento di agire, concretizzare i sogni e concludere.

Le fasi di comunicazione con il tuo potenziale acquirente sono 3: la telefonata, l'appuntamento e la trattativa finale.

La telefonata è il primo filtro, quello che ti permette di non fare appuntamenti inutili ed evitare i turisti immobiliari. Come consigliano sempre gli esperti, è bene gestire la comunicazione con le domande, fatte nella maniera più empatica possibile, ma dritte all'obiettivo. Per esempio, non gli farai la domanda a bruciapelo "Per chi è la casa?", ma gli dirai: "La casa è per te e la tua compagna immagino…" e probabilmente avrai la risposta: "Sì, e anche per i nostri 3 figli"; ecco che se il tuo appartamento è un bilocale puoi farglielo notare, magari era distratto e non l'ha visto o pensava si potesse fare pratica di ampliamento sulla terrazza.

Se hai capito che ci sono più persone coinvolte nella scelta, invitalo a portarle, spesso i genitori si fanno condizionare molto dai figli e per quanto può sembrarti assurdo è bene capire cosa pensano anche loro, così come i genitori pensionati portatori sani di avvallo bancario, che spesso vogliono verificare cosa si sta scegliendo e se non si stanno facendo fregare.

Un'altra domanda utile è: "Immagino non sarà la prima casa che vedete, giusto?", ed è chiaro che salgono i dubbi se ti risponde "Sì è la prima che vedo" perché difficilmente avrà le idee così chiare da decidere subito, a meno che non sia il tuo dirimpettaio.
La risposta che tutti vorremmo sentire ovviamente è "No, no, mi sono anche stancato, ma la tua mi attira molto", in questo caso aspettalo a braccia aperte con più speranze.

Per quanto il tuo potenziale acquirente ti possa confermare che gira da tanto per annunci, ciò non vuol dire che abbia capito dove vuole andare a parare e soprattutto se lo può fare, dunque una domanda di rito è in merito alla consulenza finanziaria, posta sempre con il mio metodo e cioè: "Io su questa casa ho un mutuo che estinguerò, anche voi state pensando a un finanziamento bancario? Avete già idea a che banca affidarvi?".

Ormai l'80% delle compravendite avviene con l'intervento delle banche, i tassi sono bassissimi e riusciamo a finanziare anche più dell'80%. Ciò non significa che il cliente medio sia edotto delle procedure, potrebbe essere anche un soggetto teoricamente molto finanziabile poiché con stipendio di un ente pubblico ma avere il 50% delle sue finanze ipotecato in rate per viaggio, tecnologia o prestiti personali.

Queste sono domande troppo specifiche, ma credo che già con la prima tu possa capire se è un sognatore o una persona consapevole. La telefonata chiaramente non deve trasformarsi in un terzo grado ma devi cercare di inserire almeno queste 3 richieste in una piacevole chiacchierata: più il tuo potenziale acquirente parla, più tu devi ascoltare attentamente, ti sta dando informazioni che sfrutterai durante l'appuntamento per esaltare la casa.

Cerca di decidere tu l'appuntamento, compatibilmente con i suoi impegni, ma facendogli capire che ne hai tanti nei prossimi giorni per cui lo dovrai incastrare tra uno e l'altro. Se ti chiede di essere il primo, perché la casa gli interessa e la moglie lo strozzerebbe se la perdessero, accontentalo, probabilmente è davvero il tuo uomo.

Ti ricordo che se hai più richieste, sarebbe meglio fissare le visite una di seguito all'altra per ricalcare il principio di scarsità, il tuo cliente deve pensare che se vuole la casa deve decidere in fretta perché ci sono diverse persone interessate.

Ora concentrati nell'appuntamento, il tuo show, dove ti giochi tutto e determini la riuscita dell'affare. La casa è perfetta, hai seguito tutti i consigli di home staging, hai mandato moglie, cane e bambini dalla suocera, accendi le luci e attendi il campanello.

Già da come fa il primo passo sull'ingresso sappiamo che tipo è il tuo acquirente, da buona sarda ti direi che anche da come ti stringe la mano si capiscono tante cose, ma questo te lo racconterò nel prossimo libro. Un consiglio, non partire in quarta con la recita di tutte le caratteristiche della casa, nei primi minuti si deve ambientare, aiutalo a stare a suo agio e solo così capirai come gestirlo. Inizia a guidarlo nel tour, partendo dalla zona giorno, fallo entrare al centro di ogni ambiente in modo che lo percepisca al meglio, fallo uscire sui balconi o ancora meglio sul terrazzo, lascia per ultimi i bagni ed eventuali ripostiglio o dispensa.

Se hai a disposizione cantina o garage, faglieli vedere subito in modo da riportarlo su in casa per ridare un'ultima occhiata. Ricordati che deve vedere la sua casa e non la tua, perciò non enfatizzare quello spugnato rosso brillante che ti è costato un patrimonio, a lui può non piacere, così come la fantastica chiusura in alluminio fatta da tuo nonno nel '93, lui si sta immaginando di buttarla giù a picconate.

Limitati a un'esposizione semplice e lineare degli ambienti senza dire, ti prego: "Questo è il bagno", quando lo fanno dei colleghi alle volte mi viene da ribattere: "Ma va', pensavo la cucina". Nel frattempo, raccontagli la storia della tua vendita, in maniera sincera e trasparente; un atteggiamento sereno ripaga sempre. Non credo di doverti dire che, se il motivo della vendita è la guerra dei Roses intrapresa con la pensionata del piano di sotto, non è proprio il caso di raccontarglielo, anche perché, come alle volte mi è capitato, loro potrebbero anche diventare amici o perfino esserlo già e tu, parlandone in certi termini, rischieresti una gaffe importante. Se ci sono bambini cerca di interagire un po' con loro, così come se ha portato i genitori: gli accompagnatori sono giudici dello show, devi ingraziarteli con delicatezza e educazione.

Alla fine della visita, se hai piacere, offrigli anche un caffè o una bibita e continua a socializzare, non è tempo perso, capirai davvero se è interessato o meno, e se ha delle perplessità ora probabilmente si sentirà libero di esporle.
Una cosa utile che dovresti fare è consegnargli, alla fine del tour, una copia della visura e della planimetria della casa con il tuo numero scritto sopra.

Le ragioni sono due, una di carattere pratico, così ha immediatamente sott'occhio ciò che ha visto e non deve andare a ricercare chissà dove il tuo numero se vuole risentirti, l'altra di carattere psicologico, perché lasciare i documenti significa non avere nulla da nascondere, essere chiari e seri in quello che si sta proponendo, il cliente si rassicura.

Quando è arrivato il momento dei saluti, invitalo a darti notizie sulle sue riflessioni ed eventuale decisione, poiché, avendo altri contatti, non vorresti si creassero malintesi.

Tu non richiamare, come detto in precedenza, non deve pensare che hai urgenza di vendere o che è la sola speranza che hai; eventualmente sollecita una sua comunicazione con un messaggio del tipo: "La prossima settimana ho appuntamento con degli altri clienti perché vorrebbero farmi una proposta per la casa, se hai dei pensieri in merito anche tu, chiamami pure".

Ti richiama subito? Wow, fissa quanto prima l'incontro per parlarne.

Ora inizia a prepararti, perché il fatto che lui ti voglia incontrare per una proposta, non vuol dire che ti offrirà la cifra che chiedi, io te lo auguro e se è così gioca anche i numeri della casa al lotto, ma in genere si apre un altro scenario, quello della trattativa. Vuoi per l'entità economica del bene, vuoi perché l'acquirente vuole sempre uscire dalla negoziazione con l'affare in mano, la gestione della proposta va sempre affrontata. Già da quando hai deciso il prezzo, anche con le dovute strategie, hai fissato quello che è il tuo obiettivo, e almeno quella cifra devi riuscire a far offrire all'acquirente, meglio se poco più.

L'andamento e la riuscita della negoziazione sono direttamente proporzionali al tuo immobile e al grado d'interesse del tuo potenziale acquirente; se la casa è nuova o ristrutturata, tanto da suscitare solo emozioni positive, le cose saranno più facili, dovrai forse lavorare un po' di più se la casa è "nonna style" da ristrutturare. Consiglio ovvio: non avere paura di perdere, ma non tirare troppo la corda, la posta in gioco è alta.

Pensando alla trattativa non ti concentrare solo sul prezzo, ci sono talmente tante variabili che l'accordo potrebbe chiudersi per il raggiungimento di altre concessioni da una o l'altra parte.
Molto spesso nelle mie vendite, quando abbiamo due proposte simili come cifra, alle volte si sceglie la più bassa, perché il cliente acquirente è più disponibile nelle tempistiche o perché ha un pagamento in contanti, ergo senza passare per la perizia bancaria.

Un affare è il raggiungimento di un accordo fra due soggetti che ne traggono rispettivo vantaggio, perciò lavora a 360°.

Se la proposta ti sembra oscena, non ti sentire offeso e non sbottare subito contro il tuo potenziale acquirente, può essere un tentativo da parte sua per capire che margini ci sono e la tua controproposta.

Quest'ultima non dovrebbe arrivare immediatamente, non sei a un'asta, perciò invita il tuo cliente a riflettere e chiedigli quali sono le altre condizioni oltre il prezzo. Se l'unica cosa che non ti piace è questo, sei anche a buon punto. Memorabile la vendita di un attico ad Alghero, se ti dico vista mare non gli rendo giustizia, l'acqua era un proseguo della terrazza, c'eravamo io e i gabbiani durante gli appuntamenti; bastava spostare appena lo sguardo per godere della vista del porto e delle mura antiche della cittadina, una favola.

Era disabitato, e i cari gabbiani ne avevano preso possesso, rendendolo idoneo al loro stile di vita, ergo un mondezzaio. La poesia come vedi è interrotta dalle condizioni della casa, totalmente da bombardare, ma non svanisce se l'unica cosa che vuole l'acquirente è il mare. Così capitò. L'appartamento era in vendita a 360.000 €, Giovanni e Rita erano miei clienti già da un po', gli avevo venduto la casa in città e quella al mare per inseguire il sogno dell'attico sull'acqua ad Alghero; ora che l'avevo trovato, doveva essere loro a ogni costo. Prima di spingersi in una proposta portarono chiunque, figli, nuore, cani, amici, geometri e architetti, valutarono le spese dell'importante ristrutturazione con diversi preventivi e soluzioni al minimo.

La loro prima proposta fu di 305.000 €, accompagnata da una perizia fatta dal loro tecnico che evidenziava tutte le criticità e consigliava anche una cifra più bassa. Quando mi disse la cifra, all'inizio pensai di aver perso tempo nei tour parentali del mese precedente, se fossi stata il venditore esasperato da tutti quegli appuntamenti probabilmente avrei sbottato in maniera eccessiva e la trattativa si sarebbe conclusa con un beep.

Io sono un mediatore, non ho attaccamento alle case e ho invece un unico obiettivo, la soddisfazione delle parti, perciò ho pensato che se gliela avessi fatta sottoscrivere, se gli avessi fatto lasciare l'assegno di caparra, psicologicamente loro avrebbero davvero iniziato a sognare la loro vita là dentro. Così feci, vennero in ufficio, in 2 ore di chiacchierata parlammo più dei lavori che avevano deciso che delle possibilità di riuscita, perciò dandogli poche speranze e preparandoli a una controproposta che avremmo gestito insieme, li feci firmare. Con Giovanni e Rita avevo un ottimo rapporto, erano miei clienti da tempo e il feeling era costruttivo, con i venditori no, ne conoscevo solo uno e molto poco, gli altri stavano tutti fuori, erano eredi di una zia, la cara zia che si scopre di avere solo con la chiamata di un notaio.

Queste argomentazioni mi portarono a sperare che una proposta del genere non sarebbe stata troppo lontana dal prezzo di chiusura; mi sbagliai, e anche di molto, visto che la reazione di uno di loro fu addirittura di minaccia di revoca dell'incarico, poiché si offendeva l'anima della povera zia, della quale non si ricordava manco il nome.

I corsi di comunicazione aiutano ad affrontare queste situazioni, riuscii a calmarlo e ottenni una controproposta di 5.000 € in meno rispetto al prezzo di vetrina.

Quello che pensavo un affare sfumato diventò il migliore del mese, il braccio di ferro durò 26 giorni, con piccoli rialzi da parte di Giovanni e Rita che ormai erano arrivati alla meta, non potevano mollare tutto. La chiave finale fu la concessione, da parte dei proprietari, del possesso anticipato della casa, prima dell'atto, con il solo versamento di una cospicua caparra. Avere subito l'appartamento avrebbe permesso ai miei clienti di iniziare subito i lavori e ottimizzare le tempistiche prima d'iniziare a pagare il mutuo dal giorno del rogito.

Ah, dimenticavo, abbiamo chiuso la vendita a 355.000 €, esattamente 5.000 € in meno rispetto al prezzo di vetrina, come volevano i venditori; gli acquirenti mi ringraziano ancora oggi, i gabbiani un po' meno per averli sfrattati.
Ti ho raccontato questa esperienza per farti capire che anche la proposta più assurda, potrebbe sfociare in una vendita.

In occasione della definizione del prezzo ti avevo accennato all'ipotesi di non inserire l'arredo, anche se questa era la tua intenzione, perché avrebbe potuto essere un jolly da giocare; ecco, giocatelo adesso.
Sempre più spesso le persone alla prima casa sono oberate di spese e dargli il vantaggio di poter abitare la casa dal giorno dopo l'atto, perché gli lasci anche i mobili, è una bella concessione. Certo,

magari non è la cucina che la signora avrebbe scelto, ma quella che vorrebbe acquistare costa 15.000 €, perciò è necessario capitalizzare un po' per potersela permettere e nel frattempo poter cucinare aiuta. La ratio è pratica ma anche psicologica quando le case sono da copertina perché l'acquirente compra la casa ma anche lo stile, perciò vorrebbe tutto, anche le posate, come mi è capitato nell'ultima vendita.

La proprietaria era indignata alla richiesta di lasciare tutto, per quanto non erano cose del suo quotidiano poiché la casa venduta era sempre stata affittata, la sua perplessità era nella valutazione degli acquirenti che, ve lo posso dire, non avevano nessun problema economico, stavano acquistando la casa per 205.000 €, volevano semplicemente tutto perché loro stavano "pagando in contanti".

Dalle mie parti si dice, lega l'asino dove vuole il padrone, fatto, venduto, tutti contenti; dai sempre all'acquirente l'illusione di aver spuntato il meglio e vincerai. Una volta presi gli accordi è fondamentale che si riportino in un compromesso di vendita sottoscritto da entrambi, come si dice verba volant, scripta manent.

Puoi anche contattare un'agenzia immobiliare che gestisca solo la parte burocratica, noi lo facciamo spesso in situazioni dove i privati hanno raggiunto l'accordo ma vogliono una guida autorevole per fare correttamente tutti gli step successivi; se qualcosa va storto, il compromesso è l'unica cosa che puoi far valere davanti al giudice. Cercherò comunque di renderti edotto e autonomo, su internet puoi trovare molti facsimile di preliminare che, ricorda, deve avere una struttura ben precisa.

La parte venditrice deve essere indicata con precisione: se siete di più dovete essere citati tutti con le vostre anagrafiche; se la proprietà è di una società devono essere inseriti i dati della stessa più quelli dell'amministratore che ha potere di firma; se intestatario è un minore o un interdetto bisognerà segnare le generalità del tutore, che presenterà domanda poi al giudice tutelare per l'autorizzazione a procedere alla vendita.

Stesse regole per l'acquirente, ricordati che al momento della sottoscrizione del preliminare potrebbe non aver ancora deciso a chi intestare il bene, magari per ragioni fiscali, e allora si metterà la dicitura che acquista "per sé o per persona da nominare prima dell'atto".

La parte più precisa e dettagliata deve riguardate l'oggetto del contratto, cioè l'immobile, che dev'essere descritto insieme alle sue pertinenze, con l'indicazione dei dati catastali di entrambi; sarebbe opportuno allegare sia visure che planimetrie in modo da far sottoscrivere anche quelle al tuo acquirente.

Se al momento della firma c'è ancora qualcosa da regolarizzare dell'immobile, tipo pianta o ritiro di qualche concessione all'ufficio tecnico, è sufficiente citare la situazione per la quale ti obblighi a presentare la documentazione corretta entro il rogito notarile.

Il prezzo dev'essere indicato in maniera chiara, con modalità di pagamento e relative scadenze.

Ricorda che tutti i pagamenti devono essere fatti con assegni o bonifici, mai in contanti poiché devono essere tracciati, devi tenerne copia poiché il notaio li citerà in atto come caparre o acconti. Se il saldo avverrà con mutuo, scriverai che interverrà un ente finanziatore o direttamente il nome dell'istituto di credito se già sai che banca sarà.

E se la vendita è condizionata all'ottenimento del mutuo si applica la condizione sospensiva, cioè l'acquirente ti consegnerà l'assegno di caparra che tu potrai incassare solo all'ok della perizia tecnica bancaria poiché "congelato" dalla conditio.

Il periodo di limbo tra la sottoscrizione del compromesso e la perizia dovrebbe essere breve per ovvi motivi, ecco perché consiglio di capire al meglio in che fase è la pratica di mutuo del tuo acquirente.

La consegna in genere dovrebbe essere al rogito, cioè in occasione dell'atto dovresti dare le chiavi di casa e averla liberata da tutte le tue cose.

È una scelta delle parti, è possibile che ricevendo una caparra alta tu possa pensare di dare il possesso al preliminare o piuttosto se il tuo acquirente finanzia il 90% pattuiate che la consegnerai entro 20 giorni dopo il rogito. L'importante è scrivere qualsiasi accordo, spesso dopo la firma le parti sono colte da amnesia improvvisa. Importante inserire la scadenza, cioè il termine massimo entro il quale si stipulerà l'atto definitivo; consiglio sempre di valutare bene la situazione senza essere troppo ottimisti, potrebbero esserci sempre degli intoppi, sia per te che per lui, tanto potreste anche farlo prima del previsto ma chiedere proroghe non è mai semplice.

Ricordati un'altra cosa importante, alla firma del compromesso devi garantire l'immobile da evizione, cioè che nessun'altro può rivendicare il bene, da iscrizioni o trascrizioni pregiudizievoli, per cui, se sull'immobile gravano ipoteche, che sia un mutuo ordinario o qualcosa di più serio di cui certamente avete già discusso, è fondamentale che tu le citi in maniera specifica così nessuno può dire che non era stato informato.

Il preliminare può essere sottoscritto in forma privata ed essere registrato solo all'Ufficio delle Entrate, entro 20 giorni dalla sottoscrizione o piuttosto dal notaio che per quanto sia un po' più oneroso, ti garantisce la pubblicazione nei Registri Immobiliari e ti tiene lontano da qualsiasi sorpresa possa farti anche un tuo creditore che voglia aggredirti il patrimonio prima dell'atto notarile. Le spese di registrazione e di eventuale notaio sono totalmente a carico dell'acquirente e infatti è lui a scegliere a quale professionista rivolgersi. Come detto nel capitolo precedente, spero in questa fare avrai tutti i documenti della casa e ti consiglio di fare un plico di copie per il tuo acquirente, facendogli firmare un foglio per la presa visione.

Il giorno dell'atto è finalmente arrivato? Wow ce l'abbiamo fatta, porta dal notaio la cartellina di tutti i documenti, copia dei pagamenti compresi, alle volte anche loro sono oberati e si perdono qualcosa nelle mail, così non rischi perdite di tempo.

Il saldo potrai riceverlo sia con un assegno, che sarà obbligatoriamente circolare, o con un bonifico che dovrà essere urgente, cioè irrevocabile.

Non ti preoccupare se ti dicono che riceverai il bonifico al "consolidamento dell'ipoteca" del tuo acquirente, come già spiegato è una procedura bancaria che renderà effettivo il pagamento quando il notaio registrerà l'atto, stiamo parlando al massimo di 15 giorni lavorativi.

Dopo l'atto è sempre ben accetto un aperitivo, fatti offrire un drink dal tuo acquirente, complimentati con te stesso per il lavoro svolto e auguragli una buona vita.

RIEPILOGO DEL CAPITOLO 5:

- SEGRETO n. 1: Si comunica sempre, sia con le parole e il tono di voce che con gli atteggiamenti; impara le regole.

- SEGRETO n. 2: L'AIDA – attenzione, interesse, desiderio e azione – deve guidare la comunicazione con il tuo acquirente.

- SEGRETO n. 3: La telefonata, se riesci a fare le domande giuste, è il primo filtro che ti permette di capire se è il caso di fissare l'appuntamento o no.

- SEGRETO n. 4: L'appuntamento è il tuo show, ha le sue regole, ascolta, osserva, fai le domande e dai sicurezza.

- SEGRETO n. 5: Il preliminare di vendita deve avere tutte le caratteristiche elencate, poiché è lo strumento opponibile davanti al giudice in caso di problematiche legali.

Conclusione

Siamo giunti alla conclusione di questo manuale. Spero di essere stata sufficientemente chiara: l'argomento è più complesso di ciò che sembra, anche se il fatto che le persone non siano obbligate a rivolgersi a un professionista per vendere o comprare casa, può far credere che sia una passeggiata. In realtà la passeggiata può trasformarsi in un percorso minato, se non l'affronti con la giusta preparazione e consapevolezza.

Ogni giorno ricevo mail e richieste di consulenza da privati in difficoltà perché hanno intrapreso trattative in solitaria e non sanno più da che parte rifarsi, anche perché molte volte perfino gli avvocati non sanno cosa consigliare. Se hai acquistato questo manuale, già dimostri le tue intenzioni.

Spero ti dedicherai all'applicazione dei miei consigli in maniera precisa, senza saltare le faccende più complicate o che ti occuperebbero più tempo perché ricorda, meglio aspettare due settimane o più per fare un appuntamento ma farlo con la casa pronta e al massimo del suo splendore.

Hai imparato che la prima cosa che devi fare è tentare di distaccarti emotivamente dall'operazione, cercando quasi di immedesimarti nel tuo acquirente, facendo una ricerca di immobili simili al tuo, nella stessa zona.

Non farti condizionare troppo dagli appartamenti più cari, ricorda che se sono in vendita, vuol dire che ancora nessuno si è deciso a comprarli; parti da quei dati e comparali con i valori del borsino immobiliare, considerando sempre le reali condizioni della casa.

Quando decidi il prezzo rimani nel range del 5% di trattabilità o, come ti ho dimostrato, perderai troppo tempo; ragionaci.

Decidi con coscienza quando vuoi iniziare la promozione della casa, perché come hai capito, la preparazione ti occuperà tempo e fatica, a meno che non segua il mio consiglio e decida di affidarti a un home stager; spendi qualcosa in più ma lo recupererai in tempistiche di vendita e realizzazione economica.

Non fare l'errore di molti colleghi, pensando che la casa si venda anche presentandola così com'è, anche tu sei la stessa persona con il pigiama, eppure quando vai a un appuntamento importante ti vesti con qualcosa di più curato, o no?

Avrai già comunicato ai componenti della tua famiglia che dovranno migrare verso nuovi lidi prima dell'appuntamento per permetterti di farlo al meglio; sì, immagino che il tuo labrador piaccia a tutti, ma può arrivare anche l'allergico al pelo del cane che alla sua vista decide di non varcare nemmeno la soglia.

Avrai spero le idee più chiare anche in fatto di portali immobiliari, decidi a chi affidarti in base alla loro home page e al modus di rappresentazione delle case. Segui pedissequamente le regole della formulazione dell'annuncio, nascono da comprovate statistiche che utilizziamo anche noi in agenzia.

Visto che inizi a compilare le schede online, inizia a dare un'occhiata alla documentazione, visura e planimetria aggiornate in primis per verificare mq e anno di costruzione.

Di seguito inserirai il prezzo, non ti venga in mente di mettere "trattativa riservata" ti prego, o vuoi davvero che il tuo possibile acquirente pensi che ti vergogni del prezzo che stai proponendo? Non posso non ricordarti l'importanza del book fotografico, la mia passione, che puoi fare tu o delegare a un professionista; ricorda, non troppe immagini, ma nemmeno troppo poche. Alla fine delle foto metti sempre la pianta dell'appartamento e delle pertinenze, scansionale e tagliale per metterle in evidenza, ti serviranno anche per il cartello che appenderai fuori dal palazzo o sul balcone se visibile dalla strada pedonale. Il cartello cartaceo non sostituisce quello virtuale, poiché, tieni a mente, se non sei on line non esisti. Cura i social come Facebook e Instagram, inserendo le foto migliori e dando solo un titolo molto sintetico e d'impatto al post.

Spero poi di averti fatto sufficiente terrorismo sugli aspetti burocratici in modo da farti capire che la parte documentale è fondamentale, per non incappare in problematiche importanti anche legali o ancora peggio rischiare di perdere l'affare. Avrai chiaro, spero, se sei davvero il proprietario, e se lo sei insieme ad altri.

Raduna le forze, definisci le intenzioni, e procurati tutta la documentazione per dimostrare la regolarità dell'immobile, necessaria per la perizia bancaria prima, per l'atto notarile dopo, e perché no, anche in occasione di un acquirente preciso che vorrà visionarla prima di fare la sua proposta.
E poi, dulcis in fundo, prima di parlare, pensami.

Ogni comunicazione tu voglia dare al tuo possibile acquirente, pensa a quello che hai letto in questo manuale e ai miei consigli, entra in empatia con lui, cerca di sapere più cose possibili, per poi esaltare le caratteristiche del tuo immobile più inclini ai suoi gusti e alle sue necessità. Se serve, usa le tecniche di negoziazione che ti ho suggerito, giocati il "jolly" della cucina o piuttosto delle tempistiche, per arrivare più vicino al prezzo che vuoi realizzare.

Dal notaio infine, solo sorrisi, non devi lasciar nulla di non detto, devi solo complimentarti con te stesso per il lavoro fatto e augurare al tuo acquirente una buona vita nella nuova casa.
Se hai piacere, scrivimi la tua esperienza, sarei felice di sapere che ho aiutato anche te in questo percorso e nella riuscita dell'affare.

Ti esorto comunque a chiedere aiuto a me o a un professionista a te vicino qualora avessi la minima difficoltà che può facilmente risolversi con l'esperienza, ma altrettanto facilmente potrebbe rompere l'incantesimo della vendita. Perfino a me quando ho iniziato questo lavoro, l'attività sembrava semplice, ed è diventata sempre più difficile man mano che acquisivo esperienza e ancora oggi non smetto di studiare e aggiornarmi con le norme in continua evoluzione. Proprio perché le cose da fare sono tante, io stessa, non potendomi occupare al meglio di tutte le fasi da sola, ho creato un team di professionisti che mi aiuta nel perseguire gli obiettivi dei clienti. Il mondo Key è ormai la mia vita, fatta di tanti figli che sono i miei collaboratori e diverse piattaforme che sono le aree in cui sviluppiamo la nostra professionalità al massimo.

La Keyestate si occupa prevalentemente di compravendite immobiliari, seguendo il cliente dalla definizione del sogno alla realtà, sia il proprietario che deve vendere, sia l'acquirente che non riesce a orientarsi nella miriade di annunci. La forza è il team, dinamico e altamente qualificato; è come se ci fossero più agenzie nello stesso ufficio, ognuna di loro con il proprio business, messo a disposizione del traguardo da raggiungere.

L'esigenza quotidiana di allestire e preparare le case ci ha portato a creare la Keyrelooking, una squadra di home stager che, grazie a un magazzino attrezzato e alle collaborazioni con gruppi d'arredo, trova sempre il modo migliore per esaltare l'immobile, anche quello che anche per noi può essere difficile vendere. L'intervento è pattuito con il cliente, commisurato alle sue esigenze e le sue idee d'investimento, ma sempre efficace. In collaborazione con la Keyrelooking lavora spesso un'altra figlia della Key, la Keyservice, che si occupa di pronto intervento, piccole manutenzioni a servizio dei nostri clienti, dalla tapparella da sostituire, al trasloco da fare.

Una sezione che sta lavorando bene è poi la Keybusiness, che si occupa di clienti con capitali che vogliono essere seguiti nei loro investimenti e addentrarsi nel mondo delle aste, degli stralci o delle cessioni di compromesso. È un ambito ancora più delicato che occupa una grossa fetta di mercato dove sono necessarie competenze sempre più elevate.

Non ci dimentichiamo però di quanto siamo fortunati e del mondo che ci circonda, e per questo abbiamo creato la Key&friends, che si occupa di progetti di volontariato per aiutare la comunità e arricchirci anche spiritualmente. La solidarietà è l'unico investimento che non fallisce mai.

Quando riusciamo a donare ci arricchiamo e contemporaneamente riusciamo ad avere interazioni positive con persone che sono, sono state o saranno, clienti dell'agenzia. Carissimi partner della mia agenzia sono i ragazzi della squadra del basket in carrozzina di serie A del Porto Torres, persone che convivono con una disabilità importante, dovuta a infortuni o malattia, che ci insegnano come si vince sempre; siamo mailing sponsor ormai da anni, amici e complici da subito.

Il tema della disabilità è una costante alla quale tengo molto nel mio lavoro poiché mi sono resa conto che, benché se ne parli tanto, è sempre una cosa che non ci tocca da vicino, che non viviamo, perciò non ci rendiamo conto che quei tre gradini davanti al portone potrebbero essere un impedimento importante per l'acquisto della casa da parte di una persona in carrozzina, o con una patologia degenerativa, così come le misure dell'ascensore, che purtroppo nelle palazzine datate è sempre piccolo ed effettivamente non in regola con le normative vigenti.

A parte gli sportivi, che con la loro carrozzina saltano ovunque, il problema lo vivo con le persone comuni, che in questa situazione ci si stanno trovando e stanno cercando di ridisegnare la loro vita in virtù di un simile cambiamento. Da poco ho seguito un'intera famiglia, dilaniata da un incidente stradale molto grave dove purtroppo uno di loro ha perso la vita e chi si è salvato non camminerà più. Quattro persone sopravvissute, 2 nuclei familiari che abitavano in campagna in 2 case indipendenti, nello stesso lotto di terreno, sviluppate su più livelli; ecco il problema, uno di loro non sarebbe più potuto salire nella zona notte e non c'era spazio per fare dei lavori di montacarichi.

La loro giovane età e la presenza di bimbi hanno certamente aiutato, li ho seguiti nel loro obiettivo che era quello di trasferirsi in città, vicini e in case comode per le loro esigenze. Fu una delle cose più emozionanti della mia carriera, finivo gli appuntamenti con loro per correre in macchina e asciugarmi la lacrimuccia che fino all'ultimo riuscivo a trattenere.

La vendita delle loro case è stata tanto facile quanto è stata difficile la ricerca delle nuove, ma ce l'abbiamo fatta, e quanto è bello il mio lavoro in questi momenti non riesco a spiegarvelo.
Così come siamo sponsor del basket in carrozzina, seguiamo molto i nostri clienti nelle loro attività e divulghiamo la nostra mission attraverso iniziative di aggregazione e manifestazioni a contatto con il pubblico più vario. Le più divertenti sono certamente le gare

di agility dei cani, che io adoro, e anche qui ogni volta mi stupisco di come questi animali siano dei veri atleti professionisti, consapevoli del loro lavoro. Da poco abbiamo sponsorizzato anche il softball, uno sport al quale non mi ero mai avvicinata che ci sta appassionando tutti.

Le situazioni che preferisco sono quelle di sport e attività minori, proprio per dare visibilità e aiutare persone che non hanno grandi finanziamenti da enti o regioni. Queste situazioni ci permettono di avere contatti più distesi con i clienti, di conoscerli bene e poter individuare al meglio cosa può andar bene per loro; le trattative migliori sono quelle fatte in un post partita o dopo una trasferta.

Per me sono importanti le persone, solo dopo ci sono le loro case. Ecco perché per tutto il libro ho battuto molto sull'empatia, è la chiave di ogni rapporto e trattativa. Se applicherai i miei consigli non puoi che riuscire. Voglio farti un regalo che ti aiuterà nella gestione dell'affare, clicca sul link che trovi nel mio blog e scaricati l'esclusivo Keybook (password: keyestate), un libro/diario della vendita della tua casa che compilerai man mano che procedi con tutte le operazioni di recupero documenti, marketing e trattative.

Se hai piacere scrivimi per qualche consiglio e raccontami come stai procedendo o com'è andata, un feedback è sempre gradito.

Ora raccogli le idee, scaricati il Keybook e mettiti subito a lavoro, ogni giorno che viene fai almeno un passo ben definito verso il tuo obiettivo e lo raggiungerai.

In bocca al lupo!